イケないオンナの愛し方

キム・ミョンガン

Kim Myongan

はじめに

性の悩みというのは、世の中の人の数だけあるようです。

99年に私が東京の吉祥寺に開設した『せい』相談所には、日々、様々な問題が持ち込まれます。相談の中でももっとも多いのはセックスレスに関する問題です。多くは30〜50代の中年女性ですが、20代の若い女性や高齢の女性、また男性の方、障害を持つ方など全国から相談の依頼があります。

また最近とくに増えているのは、中年女性の処女の相談です。多くは未婚の女性ですが、結婚して何年も経つのに処女という方もいるのです。

こうした様々な相談者と一対一で面談し、悩みの解決策を一緒になって見出していくのが私の仕事です。ところが、セックスの悩みは頭で考えても何も解消されません。セックスレスに関しては心療内科や精神科に、正しい処方箋などないのです。

そんな現状がもどかしく、05年に組織したのが『せい奉仕隊』というセックスボランティアです。彼らの役目は、相談者のセックスパートナーを勤めることで、セックスを通して相談者の悩みを解消することです。

セックスから何年も遠ざかっている女性が、見ず知らずの中年男性とベッドを共にするのですから戸惑うのは当たり前でしょう。それでも彼女たちが覚悟を決めて奉仕隊とお付き合いをはじめると、どの方も別人のように表情が明るくなり、女性としての輝きを取り戻していくのです。

彼女たちは、性の悦びを知ることで女性としての自信を取り戻すのです。

セックスはひとりではできません。女性が性の悦びを知るにはパートナーの存在が不可欠です。その男性が身勝手で、自分だけが満たされればいいというようなセックスしか知らなかったら、女性は生涯、性の悦びを知らないまま老いていくしかないでしょう。あるいは他のパートナーを探すかもしれません。出会い系サイトを利用する女性たちも、『せい』に相談に訪れる女性たちも、女性として輝きたい気持ちは同じなのです。

男性のセックスは射精すれば終わりですが、女性のセックスは違います。男性は女性のセックスをもっと理解しなければいけません。女性を美しく輝かせるのは、ペニスの大きさやセックスの回数ではないことを知ってほしいのです。

女性が性の悦びに目覚めるには男性が女性のセックスを理解し、ベッドの上で心と体のリズムをひとつにして楽しむことが不可欠です。そのことを知ってもらうために、『せい奉仕隊』のテクニックを紹介することにしたのです。

〝死ぬまでに一度でいいからオーガズムを経験してみたい〟と、切実に訴える方も数多くいます。イケない女性がそれほどにイキたい理由はどこにあるのか？　この本を手にした皆さんも一緒に考えていただければ、これほど喜ばしいことはありません。

キム・ミョンガン

2008年12月

イケないオンナの愛し方　目次

第三章　心が風邪をひいてしまった女性たち…

第四章　間違ったセックスの定義は捨てなさい！

第一章

セックス奉仕隊とは

■性の悩みはカウンセリングでは解消されない

誰にも話せない女性たちの性の悩み

私が『せい』相談所を開設して10年になりますが、はじめの数年間で性の悩みを解決することの難しさをつくづく思い知らされました。そしてセックスの問題はセックスで解消する以外、方法がないと決断し『せい奉仕隊』を組織したのです。

これまでにセックスの悩みを抱える女性、のべ1000人と面談してきました。ときには男性の相談もありますが、私のところに面談に来るのは圧倒的に女性が多いのです。相談内容の内訳は、6割が夫婦やバツイチ女性のセックスレス。残り3割はバージンに関すること、1割は夫の浮気に関しての相談です。

セックスレスの相談は、結婚後の30代から50代の中年女性が中心で、夫婦間にセックスがなくなってから5年、10年、20年と長い年月を経てから相談に来るケースが大半です。なぜこんなに長い間…、といつもながら大変驚かされます。

一方、自分が処女のままでいることに悩んでいる相談者は、中年女性に多いのが特徴です。ここ最近、そんな相談がとくに増えて年間30人ほどが訪れます。処女相談の女性の平均年齢はおよそ35歳。中には結婚しているのに、処女のままというケースもあります。最高齢では56歳の処女が相談に来たことがあります。

ではなぜ、彼女たちはこんなに長い間、セックスをほったらかしにしたのでしょうか。

性に関する悩みは、他人に相談しづらいこともあります。しかし、多くの相談者の話を聞くうちに、その理由が分かってきました。

セックスレスという悩みは、若くて夢や希望を抱いている時代はそれほど深く悩むことはありません。しかし、年齢を重ね、女性としてこのまま終わっていいのだろうか、と悩みはじめる頃から、それは少しずつ重みを増していき、しだいに重大な苦しみへと変わっ

40代既婚女性の相談が半数以上で、そのほとんどはセックスレスの問題を抱えている。最高齢は80歳の老女。処女相談や夫の浮気、暴力などの相談も多いという

ていきます。そして、私のところに辿りつく頃には、精神的にボロボロになっているケースがほとんどなのです。

こうした性の悩みを抱える女性たちの多くは、『せい』を訪れる前に心療内科や精神科に通った経験を持つ女性です。本人にとって、セックスがないことはいつしか大きなストレスになり、自分ではどうしていいのか分からなくなってしまうのです。

しかし、精神科に通い続けても何も解決されないまま、医師に相談することを断念してしまうケースが大半です。実際、精神科の医師は、こうした問題に対処する方法を考えあぐねていて、結局、精神安定剤を処方するしか打つ手がないのでしょう。

私のところに来た相談者にこんな話を聞きました。

相談者が精神科に通っていた頃です。彼女は、週刊誌の記事で『せい』相談所の記事を読み、『せい奉仕隊』の存在が気になりました。そのことを担当医に「『せい』に相談に行ってみようかどうか悩んでいる」と打ち明けました。

すると医師はこう答えたそうです。

「あなたがいいと思うならそうしなさい。しかし、私が勧めたわけではありませんよ」

その医師は『せい奉仕隊』の存在を知っていました。しかし、医師としての立場で自分の患者に、「あなたの病気はセックスをすれば治りますよ」とは言えません。医の倫理の問題です。

『せい』相談所はいまでこそ、日本のメディアのみならず、オランダの国営放送をはじめ、アメリカ、イギリスなど海外のメディアが取材に訪れるほど知られるようになりましたが、当初は〝女性に浮気相手を紹介するいかがわしいところ〟といった程度の認識しか世間には持たれていませんでした。

10分で終わるセックスなんて、女性の体を使ったマスターベーションだ！

夫婦の性の不一致はじつに様々な様相を呈しています。

『せい』を開設したばかりの頃は、夫のドメスティックバイオレンスや女遊び、家にお金を入れないなど生活が破綻しているケースが多かったのですが、最近はむしろ夫婦関係には何の問題もみられないのにセックスだけがないというケースが増えています。

夫婦仲は他人が羨むほど良好なのに、20年間で夜の営みが10回しかなかったと打ち明けた女性もいました。

また、妻のほうから誘っても「お前のアソコはゆるいからやる気がしない」「お前はセックスばかりしたがるけど、母親としてもっと他にやることがあるだろう」とセックスを拒否されるばかりか、〝言葉の暴力〟を受ける問題も増えています。もちろん夫のEDに悩む女性もいます。

こうした相談者と、はじめての面談を行なうとき、私はパートナーとの性生活を事細かに聞くことからはじめるのですが、驚くべきことにセックスが10分で終わるというケースは決して珍しくないのです。

私はそんな相談者に対して、「そんなのセックスじゃありませんよ！」とはっきりと指摘します。

妻へのキスや手を握ることもろくにせず、いきなりペニスへのオーラルを求め、膣に無理やりねじ込む。女性の反応なんて二の次で、さっさと腰を振って射精すれば、自分だけ満足して背を向けて寝てしまう。これではまるで、女性の肉体を借りたマスターベーションではないですか！

しかし、このように男性側に完全な否があっても、妻は〝夫婦のセックスなんて、こんなものなんだろう〟と考えてしまいます。また、セックスレスの夫婦であればセックスがないことに寂しさを感じても、妻は〝こんなにセックスがしたくなる自分が悪いの

相談内容の内訳

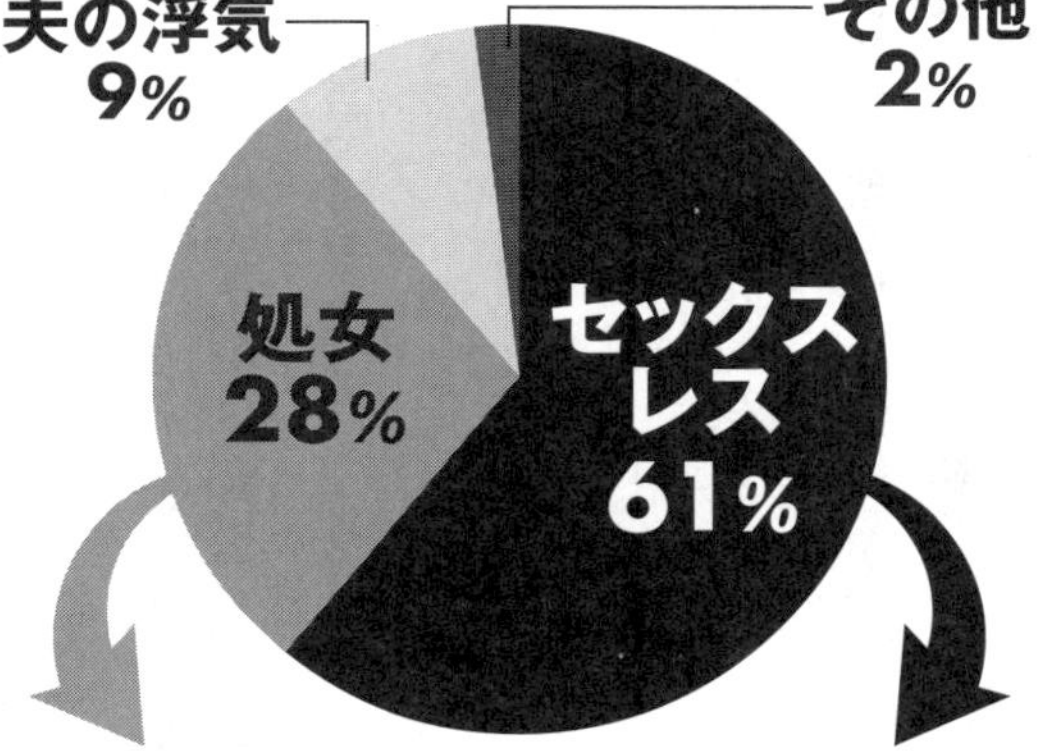

処女のままだった理由

性的ないたずらなど
過去に嫌な経験をしている
2%

頭の中にセックス情報が
ないため男性と交際する
機会を持てなかった
98%

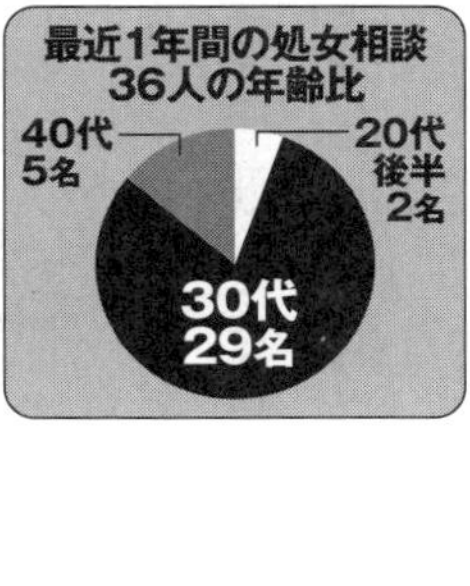

セックスレスになった理由

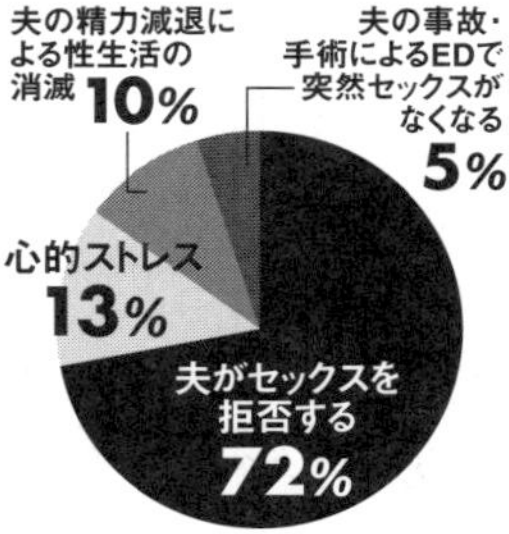

夫がセックスを拒否する理由として「アソコがゆるい」「抱く気がしない」「ババア」などとののしられたために、自分の体が女性として普通なのか不安になって相談に来るケースが多い

ではないか〟と自分を責めてしまうのです。こうして仕事や家事、子育てに追われるうちに、セックスレスのまま何年も過ぎてしまい、精神科に通うしかないほどに深い悩みとして刻まれていくのです。

性の不一致の原因は、どちらか一方にあるとは決して言いきれません。しかし、男性には外でセックスを発散する方法がいくらでもありますが、女性の場合、発散できる場所はないと言ってもよいでしょう。『せい』に女性の相談者が多い理由は、まさにそこにあるのです。

女性たちは自分の精神状態がおかしくなるくらい、心に傷を負ったまま我慢しているのです。

〝人妻なのに処女〟の複雑な悩み

35歳の既婚の処女はこんな経験を話してくれました。

彼女は童貞の夫と結婚し、結婚7年が経ってもまったくセックスがないという結婚生活を送っていました。

30代も半ばを迎え、このままでは赤ちゃんが授からないと、将来への不安を感じた彼女は夫に相談したのですが、夫は「何度試してもダメだったから、もう無理なんだよ」と拒絶するのです。

ある日、彼女は意を決してメンタルクリニックを訪ねました。そこは産婦人科医が作る日本性科学学会のお墨付きのクリニックです。

彼女を診察台に寝かせた医師は、指に医療用のサックをはめると彼女の膣にブスリと差し込みました。そしてこういったというのです。

「奥さんの体には何の問題もありません。セックスして大丈夫です」

呆れることに、これが「日本性科学学会」の大看板を掲げた医師の診断です。

セックスができない原因が彼女の膣にあるわけがない。

彼女のような熟年処女に共通している点は、躾の厳しい家庭で育てられたということです。

親とセックスの話をすることがなく、同時に父親の愛情を受けていないのも特徴です。そして母親からは女性として厳しく教育される……。

こうした家庭環境で大人の女性へと成長した彼女たちは、自分の体に対して、ネガティブな考えを持つようになってしまいます。

「乳房が小さいから」「脚が太いから」「手が大きくて男みたい…」。

だから、男性にモテないんだと勝手に思い込んで自ら異性を遠ざけてしまい、また性に関心を抱かないまま思春期を終えるのです。

男性はオチンチンを触わらないで育つことはありません。でも、処女の相談者たちは結婚適齢期や子供を作れる限界の年齢になっても、膣にタンポンすら入れたことがない。マスターベーションのやり方すら知らないことも珍しくないのです。

彼女たちにとって自分の体の一部であるはずの膣は、〝未知の洞穴〟みたいなもの。つまり、見たことも触ったこともない、得体の知れない自分の膣に恐怖感を抱いているのです。これが、いわゆるセックス恐怖症の原因です。

このような女性はボーイフレンドができてセックスする機会があっても、土壇場になると自分から遠ざかってしまいます。体に対して抱いたコンプレックスと、膣に対する恐怖心から男性を受け入れることを避けてしまうのです。

先ほど述べた処女と童貞で結婚した夫婦の場合、妻が子供を作るために勇気を振り絞って夫の前に体を開いても、いざ夫がペニスをインサートしようとすると、妻が股を閉じてしまうことが、セックスに到らない原因でした。しかも妻本人は、自分が夫を拒んでいるということに気づいていないことが問題です。

童貞と処女という、お互いにセックスを知らない者同士ですから、こうなってしまうと、もはやなす術がありません。結局、夫はインサートを諦めてしまうしかないのです。セックスレスで悩みながら、かといって離婚を考えることもできない。自分ではどうすることもできないまま、女性として満たされぬまま老いていく。相談者の割合として中年女性が多いのは、このような理由からです。

■『せい奉仕隊』というセックス精鋭部隊

奉仕隊との交際は〝オンナを取り戻す〟ためのリハビリ

昨今、出会い系サイトを利用してセックスパートナーを探す女性が大変多くなっています。若者も人妻も、女性たちはセックスに大らかになり、割り切ったセックスをレクリエーションのように楽しんでいます。

しかし『せい』相談所を訪れる女性たちの多くは、生真面目なセックス観を持ち、積極的に他のセックスパートナーを見つけられるタイプではありません。

ひとつ言っておきますが、ここに来られる女性の多くは、容姿や身体、性格などに問題があって、それが原因で異性と交際できないというわけではないのです。

皆さん、普通に会社勤めや良きお母さんをして暮らしている人たちです。こんなに美しい女性を男性が放っておくなんて信じられないと思うことも少なくありません。

それなのに、なぜ彼女たちは『せい』相談所を訪れるのでしょうか。

セックスレスと処女では理由が若干異なるかもしれませんが、ひと言でいえば〝女性として生きている悦びを実感したい〟という一点に集約されるのではないでしょうか。

つまり、セックスがしたいのにできない、パートナーを探せない、自分の体が普通の女性と同じなのか確かめたい、けれど結局、自分ではどうしていいのか分からない、そんな女性たちです。

『せい奉仕隊』はこのデリケートな問題に対処するために組織したセックスボランティアです。

面談に来る女性たちは皆さん緊張し、青い顔をしていらっしゃいます。セックスに関する相談ですからそれも当然でしょう。

そんな相談者に私は、相談内容を聞いたあと、すぐさまこう尋ねることにしています。

「奉仕隊とお付き合いしてみませんか？　もちろん、セックスを強制しているわけではありませんよ。お話をするだけでも構わないのです。あなたが気に入ったらお付き合いすればいい」

こう切り出すと、「そんなはしたない…」といった怪訝な表情を見せる相談者もいますが、95パーセントは動揺しながらも納得してもらえるのです。

雑誌の記事などを読み、『せい奉仕隊』を目的に相談所に来る女性も少なくありません。

一方、残りの5パーセントの相談者は、「誰にも言えない悩みを聞いてほしい」という方々です。しかし、自分の悩みを打ち明けてもそれは解決しません。

面談の中で私は「あなたは何をしたくてここにいらっしゃったのですか？　いまの苦しみから抜け出したい一心で、ここに来たのではありませんか？」と問いかけることが多いのですが、相談者は一様に「どうしていいか、自分でも分からないんです…」と顔を伏せてしまいます。

さらに私は彼女たちに次のように説明します。

「私は浮気や不倫の相手を紹介しているわけではありません。いまのあなたにはセックスのリハビリが必要なんです。『せい奉仕隊』とセックスをして、女性としての悦びを知って、明るい顔をして家に帰ってごらんなさい。あなたの明るい笑顔を見て、家族や家の中も明るくなりますよ」

こうして『せい』相談所を訪れた女性のほぼ100%の女性が、『せい奉仕隊』によるリハビリを受け入れてくれるのです。

セックスのリハビリを担う隊員の適正

さて、相談者とお付き合いする『せい奉仕隊』について説明しましょう。

隊員は現在、総勢で40数名が登録していますが、メインで活動しているのは40代から50代の男性、約15名です。

彼らは自分の仕事を別に持っていて、大企業の役職クラスや文化人など社会的地位のある男性が多く、大半は既婚者です。私が相談者とのお付き合いを依頼したときのみ、仕事の合間を縫ってデートを引き受けてくれるのです。

『せい』相談所では相談料は頂いておりますが、相談者の女性と隊員の間に金銭関係は一切ありません。また私と隊員の間にも金銭の授受はありません。よく愛人紹介クラブと勘違いされるのですが、『せい』相談所とそのスタッフである隊員が、法に触れるような組織ではないことは弁護士にも確認済みです。

女性にどの隊員を紹介するかは、私が相談内容や相談者の男性の好みも含めて考え、相応しい隊員を選択します。女性は隊員の写真やプロフィールを見て、その隊員と会うか、あるいは違う隊員のプロフィールを求めてきます。

隊員が相談者とデートしてもまったくリピートがない隊員は、徐々に除外するしかありません。一方、人気のある隊員はひと月に10人以上の相談者とお付き合いするケースも珍しくありません。

隊員はメンタル的にも体力的にも大変にタフな男たちです。とはいえ、単にセックスが強いだけというのではありません。

『せい奉仕隊』に参加したいという男性から、年間30〜40人ほど問い合わせがありますが、面接してみて適正と思われる男性は10人にひとりもいません。

なぜなら面接に訪れる多くの男性は〝セックス自慢〟の男性が大半を占めるからです。セックスが強い、テクニックがある、ペニスが大きい、などというだけでは、相談者に対応できないのです。

『せい奉仕隊』を希望する男性の面接には、私を含めた男性面接官だけでなく、以前は女性面接官も立ち会っていました。単に容姿を判断するわけではなく、女性の視点からも隊員としての適正を見てもらうためです。

面接の他に筆記試験もあり、女性に対してどのように接するタイプか、女性のセックスにどれほど理解があるか、セックス経験やペニスが勃起したときのサイズまで隊員としての資格審査は細部に到ります。様々な相談者の相談内容に対応するには、そこまで知っておく必要があるからです。例えば処女の相談者には、あまり大きなペニスの隊員は不向きだったりするからです。

なおかつ、やはりセックスも上手でなければなりません。

隊員をこれほど厳選する理由はひとつです。隊員との最初のセックスで相談者をがっかりさせるようなことがあってはならないからです。

もし、そのセックスがつまらないものであったなら、相談者はますます立ち直る機会を失うはずです。

ただし最初の1回のセックスで相談者にオーガズムを与えるようなセックスを隊員に望むわけではありません。むしろ、そういう性急なセックスはリハビリには向きません。もっとも重要な条件は、女性に対して思いやりのあるセックスができるということです。

隊員とのお付き合いはあくまで女性の悩みを解消することが目的です。一定期間、隊員と交際し「もうこの女性は奉仕隊が必要ないほど立ち直った」と私が判断した場合は、一般の男性との交際をお勧めしています。

セックスはお化粧と同じ

セックスレスや処女のまま歳を重ねていくことを悩む女性を、私は〝セックスの便秘状態〟と考えています。

病気になるほどセックスを我慢して、悩み続けても何も解決しないのです。〝便秘〟ですから、いくら頭で考えても治るはずがありません。

相談者の話に戻りますと、面談のときに青い顔をしていた女性が、『せい奉仕隊』とお付き合いすることで、表情に輝きを取り戻していきます。その理由は、長年の〝便秘〟が解消されるからです。そして心と体の健康を取り戻して、活き活きとした魅力溢れる女性に生まれ変わるのです。

隊員とのはじめてのセックスで見違えるようにキレイになった女性は少なくありません。面談時の生気を失った表情が、たった1回のセックスによって別人のように明るく輝き、肌の色艶まで良くなっています。信じられないかもしれませんが、本当に10歳若返ったように見えるのです。

こんなとき、私はうれしくて、思わず「やったぁ〜！」と心の中で叫んでしまいます。

相談者の見事な変貌ぶりを見れば、彼女たちが長年の苦しみから解放され、心の底から喜びを実感していることが如実に伝わってくるからです。

第二章
〝心を抱く〟セックスに目覚めよ！

■心が開かれれば体は自然と開く

すべての女性たちは、オンナとして輝きたいと願っている

隊員たちは実際、相談者にどんな接し方をしているのでしょう。『せい奉仕隊』にマニュアルなどは存在しませんから、それぞれの隊員たちの自主性に任せるようにしています。ひとりひとりの隊員が女性と接する際のやり方は違いますが、基本は同じです。紳士的で、慌てず、動作もゆっくりで、声の出し方から体の触れ方まで穏やかでソフトであることです。

隊員には相談者と会ったあと、結果報告をしてもらっています。隊員とのセックスを通じてどう感じたかを聞くのが目的です。つまり、リハビリがうまくいったか、順調に進んでいるかを、その報告から感じ取れるのです。

前章でもふれたように、相談者はセックスのリハビリが必要な女性たちです。ですから、『せい奉仕隊』のセックスは読者の皆さんが抱いているセックスのイメージと大きく異なるところがあるかもしれません。

しかし、よく考えてください。あなたの妻やガールフレンドも、笑顔の裏で相談者のように苦しんでいるかもしれません。いえ、たとえ満たされていたとしても「今よりもっと輝きたい」と願わない女性など存在しないのです。

女性と接する際の基本は〝やわらかさ〟

問題を解決するために私が選んだ隊員のプロフィールを見て相談者が気に入れば、いよいよご対面になります。普通のカップルと同様に、はじめてのデートで緊張しない人は、まずいないでしょう。

その緊張感は相手にも伝わるものです。これではお互いの気持ちが伝わらないのはもちろんのこと、警戒心も解けず、下手をすると女性に「やっぱり来なければ良かった」と後悔をさせてしまいます。

では、緊張を解くにはどうすればいいのでしょう。それは〝やわらかさ〟にあります。隊員になりたいという男性を面接する際には、その男性が醸し出す品性や〝やわらかさ〟にもっとも重点をおいています。これは年と共に培われていくもので、10代の青年には真似ができない利点です。〝やわらかさ〟は、相手の気持ちを和らげ、その場のムードまでをも和らげるのです。

常に紳士的な印象を与え、女性の話にじっくり耳を傾ければ女性もリラックスしてきます。あなたの優しい眼差しや言葉遣い、物腰、態度などが、相手に好印象を与えるはずです。そしてお互いに気持ちを通わせ合えるようになるのです。

面と向かわず斜め対角線状で会話する

ところでまだ手も握ったことのない女性と喫茶店でデートするとき、あなたならどういう位置関係で座るでしょうか？

たいていの男女は対面で座るはずです。しかし、この位置関係は緊張を保ったほうがいいときには向いていますが、男と女の話には不向きです。学校の教師と生徒、取り調べをする刑事と容疑者の関係など、みな正面から向き合っていますよね。

では隣りに座るのはどうでしょう。初対面でそんなことをしたら、馴れ馴れしい印象を与えるばかりか、警戒心をさらに増大させるだけです。

喫茶店で話をするときは女性と斜め対角線状に座るのが正解です。適度な距離感は緊張をほぐすには効果的ですし、斜めからなら顔をじっくりと見られているという印象を女性は持たないでしょう。

　奉仕隊のメンバーが演出する柔らかいムード作りは、こんな些細なことからはじまっているのです。

■女性を大切に扱う大人のマナーを忘れずに

恋愛感情がなければ女性は心を開かない

女性がセックスを受け入れるまでにはいくつもの段階があります。

まずはお互いのことを知る。それからデートしたい、キスしたい、触れ合いたい、つながり合いたい、とひとつひとつの段階を踏んで、心と体を開いてオーガズムという未知なる感覚を受け入れることが可能になるのです。いくら相談者と奉仕隊という擬似的な恋愛関係だとしても、そのプロセスは女性にとって非常に大事なことだということを理解しなければなりません。

相談者と奉仕隊はまず、メールや電話、また実際会ってからの会話でお互いのことを理解しあうことからはじまります。奉仕隊の性格や、身を委ねて適切な男性なのかを見定めるために、お茶だけのデートを何度も重ねる相談者もいます。

そして女性が気を許してくれたら、次にキスに誘うタイミングに気を遣うのです。

F隊員はキスの名人です。彼は40代後半のサラリーマンですが、根が真面目で相談者が心を開くまで決して焦ることはありません。

彼の信念は、〝女性が振り向いてくれるまでキスをしない〟ことです。

相談者は男性経験がまったくなかったり、夫以外の男性に何十年ぶりかで身を委ねるという女性たちばかり。彼がいかに穏やかな性格でも、誠実そうな印象を与える人物で、女性を扱うことに長けていても相談者の不安は計り知れないものがあります。

ですから、彼は相談者と待ち合わせても決してすぐにホテルに誘うことはしません。喫茶店で他愛もない話をしながら相談者の決心が固まるのを待つのです。その日が無理なら次回、それでもダメならまた次回に…というように。

彼は相手の気持ちが自分のほうを向くまで待つ姿勢を崩すことがないのです。

いよいよホテルに入ってもそれは変わりません。服を着たままじっと手を握ったり、寄り添って肩を抱き、髪を撫でたりすることに多くの時間を費やします。女性が自ら彼に身を委ねてくるのを待っているのです。

しかし、相談者が身を委ねてきたとしても彼はまだキスをしようとしない。相談者の頬に触れ、顔を近づけるだけ。お互いの唇と唇が触れ合う瞬間は、相談者が彼の唇を自ら受け入れようとしたときにようやく訪れるのです。

女性に〝感じたフリ〟をさせてはならない

女性が感じたフリをするのは、残念ながら、あなたのセックスの手法では満足していない証拠です。しかし、女性の胸の内はひとつではありません。

早くセックスが終わってほしい、感じない女と思われたくない、感じたフリをしないと一生懸命に頑張っている彼に申しわけない…など、様々な理由があるのです。

それでもやはり演技などされたくないのが男性の本音でしょう。といっても女性の演技は男性に見抜けるほど単純ではありません。本気にさせようと頑張れば頑張るほど、女性はますます演技に入り込んでいくでしょう。

もし、そんなタイプの女性と悟ったら、愛撫の途中で女性が演技をする必要がないようにおまじないの言葉をかけてあげましょう。彼女の耳元で「感じようとしなくていいから、ありのままの自分でいて」と優しく囁いてあげることです。

セックスの最中に「感じる?」「気持ちいい?」と聞くばかりでは、女性の心には何も伝わらないばかりか、「演技をしろ」と言っているに等しいのです。

セックスのエネルギーがシンクロすれば10時間でも愛し合える！

隊員がセックスにかける時間は少なくても2〜3時間、平均5時間が当たり前の隊員もいれば、お互いの時間が許すかぎり10時間以上楽しむケースも珍しくありません。

私が面談時にそういうお話をすると、相談者は目を丸くして「私にはそんなこと絶対にできないわ！」と驚きます。10分そこそこのセックスしか経験していないのですから、それも当然のことでしょう。

そんなふうに驚いていた彼女たちでも、奉仕隊の献身的なテクニックにリードされ、いつの間にか時間を忘れて快感に没頭してしまうのです。

しかし、隊員の年齢は40代と50代が中心。普通なら「オレはもう歳だから」と枯れてくる年代でしょう。それなのに、多いときでは月10数人の女性とめくるめくセックスができるのです。

男性はセックスすればするほど強くなるとは言いますが、それはセックスの中身に左右されるものでしょう。射精だけが目的のセックスをしていたら、歳とともに弱くなっていくのは当然です。

隊員と相談者がこれだけハードなセックスができるのは、セックスで癒され合っているからに他なりません。二人のセックスエネルギーが何時間でも尽きないのは、そのためです。

豊かなセックスは本人同士が意識しなくてもお互いに生きる力を与え合っているものです。セックスが変われば人生も変わります。バイアグラに頼るより、セックスに時間を費やしたほうが、あなた自身もよほど精力絶倫になれるでしょう。

セックスは歳を取るほど素晴らしい！

『せい奉仕隊』で中年男性を採用するのは理由があってのことです。

相談者の話に耳を傾け、理解する努力をし、胸の内を思いやってあげられるのは、人生の酸いも甘いも噛み分けられる中年だからなのです。セックスで傷ついた心を癒して、深い官能へと導いてあげられるのは包容力しかないのです。

奉仕隊のセックスだけが目当ての女性からは、「そんなオジさんより若いコとエッチしたいわ」とズバリ言われることもあります。

セックスというと、とかくスタミナが強いか、弱いか、上手いか、ヘタか、と考えがちですが、何より大切なのはお互いに相手を思いやれる心を持っているかどうかではないでしょうか。

しかし、女性の中にはセックスは男性がイカせてくれるもの、と考えてテクニックに期待する人がいます。女性が絶頂に達するには、男性がイカせるとか、女性がイケるとか、どちらか一方の能力ではありません。相手の声や息遣い、触れ方、体の動き、心の状態のすべてを女性が受け入れてくれて、女性がそれに合わせてくれたとき自ずと頂点に達するのです。

ひと言でいえば、セックスは男と女の究極のコミュニケーションです。その全身的なコミュニケーションができるから深い官能を共有できるのです。

年齢や体型、ルックスなどはセックスの良し悪しにまったく関係がありません。それが原因で良いセックスができないとしたら、相手を変えてセックスしてもその中身は何も変わることはないでしょう。

心と心のつながりを確かめ合う行為。それがセックスなのです。

第三章

心が風邪をひいてしまった女性たち…

■セックスの悩みとその対処法

ドライフラワー症候群

女性はある年齢に達すると、いわゆる〝ドライフラワー症候群〟に襲われると言います。ご存知のとおりドライフラワーは、美しい花の形を止めたまま、いつまでも飾り物になっていますよね。

「自分は女として本当に幸福な人生を歩んできたのかしら」
「このまま女性として老いていくだけ」
「若い頃のように胸をときめかせてみたい…」

相談者の中年女性のほとんどは、このドライフラワー症候群に陥っています。
中年女性のセックスレスによる悩みは単なる欲求不満とは違います。女性の心の寂しさがセックスレスの障害をより重いものにしているのです。

夫の浮気に対する怒りもセックスで鎮まる

セックスレスや淡白すぎるエッチなど、相談者には性生活に悩みながらも、夫のことが好きでたまらない女性がたくさんいます。

結婚歴12年の37歳のFさんが『せい』相談所に来たのは、夫の浮気がどうしても許せなかったからでした。しかし浮気をされても夫を愛している気持ちに変わりはないのですが、夫の裏切りに対する怒りがどうしても鎮まらない。自分ではどうすることもできない愛憎の狭間で葛藤していたのです。

隊員とのお付き合いを奨めても、戸惑っているばかりの女性でした。なぜなら、夫と同じことをする自分が許せなかったからでした。

隊員とセックスする直前まで心は揺れていましたが、ベッドインしてみると濡れるどころか1時間と経たないうちにオーガズムに達したといいます。

その翌日から心は鎮まり、いつもの明るさを取り戻すことができたのでした。夫に対して寛容に振舞う可愛い奥さんに戻れたのです。

夫の前では見せられない性癖

少し変わったセックスレスの相談者もいます。黒木瞳のような美しい奥様で、夫に内緒で愛人とお付き合いをするくらいセックスにオープンな30歳の新妻・Kさんです。よく聞くとお相手の愛人は高齢のお爺さん。お小遣いをもらうのが目当てだったのかもしれません。

そんな彼女でしたが、お爺さんとのセックスではまったく満足できず、また夫が長期間にわたり単身赴任していることもあって欲求不満が募り、『せい』相談所を訪れたのです。

性癖は少し風変わりで、隊員に陰部を懐中電灯で照らしてほしいというのです。性感は開発されていたらしく、あっという間に潮を吹くようになりました。

けれど、隊員を興奮させたのは彼女の奔放なセックスより、うっすらと流した涙でした。「この年齢になって本当のセックスを知ることができました…」と胸を詰まらせながら告白してくれたのです。

このようにセックスの相手に不自由していなくても、セックスの悦びを知らない女性は決して少なくないのです。

処女をイカせてしまった後悔

上場企業に勤める独身のOL、32歳の処女の相談者・Iさんの場合、父親からの暴力や複雑な家庭環境で育った影響から極度の男性恐怖症に陥っていました。彼女もまた、いくつかの心療内科をまわり、意を決して『せい』相談所を訪れたのです。さっぱりとした顔立ちの清楚な美人ですから、男性との交際経験は人並みにあるものの、いざセックスとなると心がおかしくなるのだそうです。Iさんの目的はそんな自分の殻を破り、男性を受け入れられる状態になることでした。

何度も言うようですが、隊員との交際は相談者の悩みが改善されるまで。数カ年にもわたり隊員とお付き合いすることは、まずありません。

しかしながら彼女の場合、隊員が生まれてはじめての男性経験になるわけですから、恋愛感情が高まったとしてもおかしくありません。

Iさんの心には、徐々に隊員への恋が芽生え、既婚者の隊員と一般的なお付き合いを希望するようになりました。一方、隊員のほうもそんな彼女に精一杯、応えようとしました。そしてはじめてのデートから3カ月が経って、ようやく彼女はオーガズムを経験するに至ったのです。

ところが、隊員は自分が間違ったことをしてしまったのではないかと後悔しました。なぜなら、自分とのセックスでオーガズムを知ってしまったことは、彼女の今後にマイナスになってしまうのではないか。彼女はこれからの恋愛の中でセックスの悦びを知っていくほうが女性として本当の幸せを摑めるのではないか。そう思ったのです。

隊員は彼女とじっくり話し合いました。そして彼女から「寂しいですがお別れします…」というメールが送られてきました。

メールには彼女のせつない胸の内とともに、女性として自信を与えてくれた彼に感謝の気持ちが込められていました。

『せい』相談所では、女性のセックスのリハビリが終わることを〝卒業〟と言っています。プロの技を駆使して、奉仕してくれる奉仕隊と付き合っていればセックスライフが充実するのは間違いありません。しかし彼らをいつまでも頼っていては、本物の幸せなど得られないことを理解してもらわなければなりません。

その後の彼女たちの人生は彼女たち自身で決めるしかないのです。

80歳のおばあちゃんだって〝現役〟だ！

相談者にはすでに閉経している女性もいます。最高齢は夫を亡くして5年になる80歳の老女でした。「オンナは死ぬまでオンナ」とはよく言ったもので、高齢でも性欲は旺盛で、大いに濡れるし、何の問題もなくセックスを楽しむことができるのです。

彼女が相談所を頼った理由は、ご主人を亡くした寂しさを紛らわせるためと、たった一度の人生を謳歌するためでした。彼女の真摯な相談内容に感銘を受け、私は躊躇することなく奉仕隊とのセッティングをしました。

久しぶりのセックスを経験して、一番驚いたのは彼女自身ではないでしょうか？もともと年齢よりもずっと若く見えた彼女でしたが、奉仕隊とのお付き合いでさらに若返ったように見えました。

閉経すると性欲がなくなり、濡れなくなるなどという医学の一般論は、現実にはまったく当てはまっていないのです。

男と女の良い関係は、心に作用するだけでなく、ホルモン分泌にも作用しています。事実、隊員とお付き合いした女性のバストが大きくなるのは普通で、CからFカップになった女性もいます。

たかがセックスと思うかも知れませんが、女性にとってセックスは単なる欲求不満の解消というものではなく、女性としてのかけがえのない悦びの礎となっているのです。セックスに年齢など関係がありません。

人生のスランプからの脱出

相談者は性の悦びを知ることによって本当に美しくなります。それは表情だけのことを言っているではありません。セックスをしている最中にみるみる肌がつやつやしてくるのです。その変化には隊員も相談者自身も驚きを隠せないようです。心がときめくようになれば外見も変わります。化粧や洋服にも気を遣うようになり、見違えるように変身するのです。

また隊員とのセックスを楽しむことによって、相談者はこれまで抱いていたものとはまったく異なる新たなセックス観を抱くようになるのは確実です。

セックスレスだった既婚者は、ご主人との性生活を取り戻すことがしばしばあります。

「夫の前で大胆になることは罪ではない」ということを、まさに身をもって知った妻と

相談者が『せい奉仕隊』と交際して改善されたこと

オーガズムが得られるようになった

鏡を見てきれいになったと思う

周囲から声が明るくなったと言われる

バストが大きくなった

生理不順がなおった

最高の形で処女を捨てられた

以前より家庭が明るくなった

夫に対するストレスがなくなった

（奉仕隊に指摘されたことで）
子宮がんなど婦人病の早期発見につながった

女性として自立し、離婚する勇気が出た

●相談者の女性、のべ1000人のナマの声です

交われば、ご主人も新鮮な気分になるのではないでしょうか。また、ご主人には内緒で恋人やセックスパートナーを見つけることに積極的になる女性も少なくありません。さらに離婚を決意して新たな人生を歩みはじめる相談者もいます。

いずれにしても彼女たちは、人生を変えるほどの素晴らしいセックスと出会い、女性としての悦びを知るに到ったのです。そして長いトンネルから抜け出し、前向きに生きようとする心を取り戻したように思えるのです。

もしも、あなたの愛している人が浮かない顔をしていたら、それはあなたのセックスの求め方や考え方に問題があるのかも知れません。

第四章

間違ったセックスの定義は捨てなさい！

■普通のセックスとの違い

心を愛撫する大人のセックス

ここでまず、一般のカップルと『せい奉仕隊』によるセックスとは、なにが違うのか、主な点を上げてみましょう。

・女性の心と体を最優先に考える
・愛撫や性交にかける時間が長い
・男性本意の性急な体位変換は行なわない
・フェラチオは要求しない
・女性が満たされない射精は行なわない

いかがでしょう。普通の男性にとってかなり過酷な条件ではないでしょうか？　しかし、隊員はこれを苦もなく実行しています。なぜなら、先にも述べたように、隊員の目的は相談者の〝セックスのリハビリ〟にあり、自らの性欲を満たすことが目的ではないからです。

隊員が相談者と対面したとき、セックス経験や悩みの本質にじっくり耳を傾けます。それはお互いの素性や性格を知るということと、彼女たちのセックスのレベルを理解するためです。また相談者の中には、男性を受け入れたくてもそれぞれの心理的問題で、セックスを受け入れられないケースが珍しくありません。それを理解せず、強引にセックスに持ち込んでも、女性が快感を得られるはずはないのです。

相談者の体に触れる、あるいはキスを交すまでに時間をかけるのも同じ理由からです。彼女たちが自分から相手に身を委ねようとする気持ちになれなければ、セックスは豊かなものにはなりません。はじめて肌を合わせる相手とのファーストタッチやファーストキスが、女性にとってどれほど大切な意味を持つのかを、隊員は痛いほど理解しているのです。

また愛撫や性交に過剰とも思えるほどの時間を掛けるのは、女性は快感が高まるまでに時間が掛かるという、性的メカニズムを彼らは経験的に知っているからです。男性本意の性急な体位変換やフェラチオの要求、安易な射精を行なわないのは、女性がその行為を本当に受け入れられるのか、各相談者のセックスのレベルに合わせて無理をさせないようにコントロールしているからです。

　こうして見ると、『せい奉仕隊』のセックスは、何か医療行為のように感じるかも知れません。だから「オレには関係ない」と思う男性もいるはずです。しかし、本当に関係がないといえるでしょうか？

　それならなぜ、セックスに対する抵抗感や嫌悪や恐怖を感じている女性が、こんなにも多いのでしょうか？　なぜ、性の不一致が問題になるのでしょうか？　また、男性は射精して満足できるのに、なぜ女性は演技したり、ベッドを共にするのが嫌になったりするのでしょうか？

　それはお互いのセックスを分かろうとする気持ちがないからです。男性が『せい奉仕隊』のセックスを特別なものと考えるなら、〝女はセックスで悦びを得る必要などない〟と言っているのも同然なのです。

　もし、あなたのセックスが子作りを目的とするだけの〝生殖行為〟なら、今のままでも構わないでしょう。しかし、人間のセックスにはパートナーとの愛情確認や、お互いが快感を得る、という役割がともなっているのです。それなのに、日常的に自分本位のセックスばかりしていたら、あなただけではなく、パートナーだってセックスに飽きがくるのが早いのは当然でしょう。

『せい奉仕隊』のセックステクニックのツボをひと言で表すなら、それは「心を愛撫する」ということです。

セックスの悦びを共有する

実は隊員が相談者のセックスのレベルに合わせる理由は、セックスのリハビリという目的のほかに、ひとりの男として大きなやりがいを感じていることがあります。

焦らずじっくり心を癒し、徐々に性感を開発し成長させる。隊員の手により、セックスの悦びを知った女性の体はエロティックに変貌し、男性に大きな官能をもたらします。

さらにいえば、心身ともに満たされるセックスを頻繁に体感している女性は、魅力的で、男性が抱きたいと思うフェロモンを発散するようになるのです。

常に自分のペースで射精し、パートナーに対して思いやりのないセックスが日常化している男性は、自身が受け取っている官能が僅かであることに気づいていないでしょう。

『せい奉仕隊』のセックスは、一般のカップルと質量ともにスケールが確かに異なります。忙しい日常でこれほどセックスに時間を費やすことは難しいかもしれません。

しかし、あなたの隣りで寝ているパートナーを、魅力溢れる女性として輝かせることができるのは、あなたしかいないのです。女性に対して思いやりを持つことは、セックスの〝悦びを共有〟するということにつながります。

お互いがセックスに没頭できる状況のときは、真っ向から欲求をさらけ出すことができ、セックスが楽しくて、次のチャンスが待ち遠しくて仕方がなくなるでしょう。

ベッドで女性を大切にするほど、双方の性的な満足感は増大します。

すべての隊員は相談者と愛情を交換し、互いに成長しあっているのです。


すべては雰囲気作りで決まる!

ベッドに入る前にソファやベッドに腰掛けて体を寄り添わせることは、良い雰囲気作りには欠かせない行為です。女性の手に触れて、二人が親密なムードに包まれたら腕や肩を抱いて、女性をそっと引き寄せ、しばらくじっとしているのも心地良いものです。衣服を着たままでも、お互いの温もりや呼吸が伝わってきて親密感がますます深まるでしょう。

女性の腕や肩をやさしくさすったり、髪の毛をかき上げたりしているうちに、女性の心を覆っていた氷が溶けるように解放されていくのです。

強引に女性の体を揉みしだいても、ロマンチックになろうとしている女性の気持ちを動揺させることにしかなりません。言葉も動作も穏やかにゆっくりと、時間を忘れてしまうくらいのリズムで柔らかに触れ合うのが心を通わせるための秘訣です。

少しの工夫で五感が鋭敏になる

部屋を明るくしたままでセックスをしたほうが女性も興奮すると思っている男性は少なくないでしょう。

しかし、視覚だけで興奮するのがセックスではありません。視覚、触覚、聴覚、嗅覚、味覚の五感すべてを無意識に使っているのです。

部屋を薄暗くすると、女性を羞恥心から解放するだけでなく、男女の五感を鋭くしてくれるという効果も忘れてはいけません。

また「オッパイが小さい」「毛が濃い」「お腹が出ている」など、自分の体にコンプレックスを持っている女性は多いので、気遣いのひとつとして、部屋の明かりは薄暗く落しておくのがベターです。間接照明やベッドランプを少し暗めにしてつけておくくらいがいいでしょう。

真っ暗ではなくお互いの体がボーッと見える程度に薄暗くしておくには理由があります。何といってもお互いに相手の表情や仕草を見て感じ合いたいからです。また、女性の体がまったく見えないと男性はどこを愛撫すれば良いのか分かりにくく、むしろストレスになります。

照明は二人の気持ちを落ち着かせる演出効果抜群のアイテム。セックスへの集中力を大いにサポートしてくれるはずです。

癒し系のBGMで性感を高める

女性をリラックスさせるには音楽をかけるのもいいものです。女性が緊張していては、セックスの悦びなど感じるはずがありません。

お互いの趣味が同じならどんな曲でも構わないと言いたいところですが、お奨めはゆったりしたヒーリング系ミュージックです。エステティックサロンのように露骨な選曲でなくとも、バイオリンやピアノのスローなリズムの曲なら心身を癒してくれてセックスに集中できるものです。音量はやはり耳障りにならない程度に静かに流れているくらいがいいでしょう。

癒し系の音楽は癒しの脳波と言われるα波を引き出すため、気持ちが落ち着くのです。その心身へのリラクゼーション効果は部屋の照明効果と同様に五感の働きを鋭くしてくれます。

また、かすかな音楽のリズムに促されるように愛撫や体の動きがゆったりしてきます。

セックスでいろんなプレイを試しているカップルが、快感レベルとしては何も変わらなかったというのをよく耳にしますが、それは期待が大きすぎて五感の微妙な感覚をキャッチできていないからです。そんな声はパワーセックスを好む男性や、若者同士のカップルから多く聞かれます。

「何をやってもダメ」というカップルにこそ、前項の照明と癒し系ミュージックをセットで試してほしいものです。

■キスで心を蕩けさせよ

女性はキスで男性の心を感じる

〝操は与えても唇は与えない〟などと古くから言われるように、女性にとってキスは恋愛の大事な儀式です。

口は女性器と同じように体内への入口だからかもしれません。

お互いの舌を濃厚に絡め合うディープキスは男と女が粘膜と唾液で触れ合う、まさにセックスのような行為です。いや、女性にとってはセックス以上に男性の心を感じ、受け入れるか否かを計る行為なのかもしれません。風俗嬢の中には、男性に体を与えてもキスは与えないと言う人もいるほどです。

ですから、逆にキスが濃厚になるということは女性が男性を心で感じているということです。となればセックス全体が濃厚になるのも当然でしょう。

それなのに同じ相手とのセックスが続けば、キスに愛情を注ぐということが難しくなってきます。男性によっては、パートナーと何年もキスしたことがないという人までいます。

まさに、ここがセックスがワンパターンになるはじまりであり、女性の気持ちがときめかなくなるきっかけになるのです。

愛情を注いだキスでお互いの心が通じ合う

キスは二人の心と体のリズムが一致するときにいい味わいが出てくるものです。女性の体を引き寄せ、少し上体の密着度を高めるだけで自然に良いキスができるはずです。お互いに言葉では言い表わせない心のコミュニケーションに移っていくのです。セックスはお互いの気持ちが同調しているからスムーズに流れていくもの。このシンクロした感覚を大切にしてください。

最初は唇と唇を合わせるだけの軽いキスからはじめるのがベター。そのとき女性の手を優しく握ってあげると同調感覚というものが感じられやすくなるようです。女性が漫然とキスを受け入れているだけの状態なのか、キスを抵抗なく受け入れているのか、あるいは心からキスに心酔しているのか、頭で考えるのではなく体で感じ取れるようになれば、五感が研ぎ澄まされている証拠です。

日本は日常的にキスの習慣がない国ですから、女性がキスを受け入れることはセックスを受け入れるサインといってもいいくらいです。女性にとって唇の感覚はそれほど官能と密接に影響し合っているのです。

しかし、キスの反応は女性によって本当に様々です。キスとはこういうものだというイメージばかりに気をとられると、女性の心を無視した身勝手なキスしかできなくなってしまいがちです。

・唇をつけ合うだけで精一杯の女性
・唇を舐められるのを嫌がる女性
・すぐに口を開く女性
・いきなり舌を絡めてくる女性

このようにキスに慣れていない女性と、逆に経験が豊富で、大胆なキスを求める女性とでは、キスひとつ取っても大きな違いがあるのです。

キスの瞬間、女性の緊張はピークに達しているといっても過言ではありません。相手のことが嫌いでもないのに、キスに抵抗しているわけでもないのにキスをうまく受け入れられない。そういうタイプの女性もいるということを忘れてはいけません。

舌で女性の唇を無理にこじ開けるようなキスを当たり前と思っている男性がいますが、まずは女性の唇の緊張が解けるようなキスをしてあげましょう。例えば男性の唇で女性の下唇を軽くつまむようにしたり、両手で女性の頬を柔らかく包むように愛撫してあげたり、髪の毛を撫でたりして彼女の気持ちが和らいでいくのを待つべきです。

心に火を点けるディープキス

キスは心でするもの、などと大上段に振りかざしてみたものの、キスという行為はやはり口でするしかありません。いくつかディープキスの方法を述べましょう。

・唇を咥えて吸う
・相手の舌を吸う
・互いの舌をまとわりつかせる

大まかに言ってこんなところでしょう。

これだけの単純なことを何分も続けていられるのが不思議なくらい、決まった方法がない行為なのです。

ひとつポイントとして、相手の舌の裏側に自分の舌を絡ませることを加えておきましょう。相手の舌の裏側に舌を差し込むと舌が口の中で空を切らずに、しっかり深くまとわりつかせることができるからです。

それから相手の体を抱いて抱擁することもキスのムードが高まります。髪の毛から耳、耳の裏、頬、首すじ、うなじ、肩、背中、脇腹、ヒップなどを手のひらで優しく撫でさすりましょう。腕を手の甲までさすったり、手を握り合うのもとても感情を高揚させてくれるものです。

舌と舌がもつれ合うようにして二人の官能的なムードが同時に高まっていくキスが理想です。ミリ単位の唇の震えや舌の絡み合う感触の違いが、キスの味わい深いところなのです。

柔らかなムード、柔らかなタッチ、柔らかな唇と舌の絡め合い。全身で素敵なディープキスを味わってください。

■常に女性の様子を窺いながら愛撫せよ

一緒に浴びるシャワーは心の前戯

キスからそのままベッドインしても構いませんが、二人で一緒にシャワーを浴びるのもいいでしょう。

キスで心を開いても「シャワーを浴びさせて」とベッドインへの流れを止められてしまうのはよくあることです。

男性は女性の体に匂いがあっても気にしない人のほうが多いかもしれませんが、女性は自分の汗や体の匂いだけでなく、オリモノなどを気にしますから、その気持ちを大切にしてあげる必要があります。

シャワープレイの効果は、セックス前の全身的なリラクゼーションと互いの体を洗い合って行なうスキンシップ。また素っ裸でキスや抱擁を交わすことの開放感でしょう。

女性の全身にキスを散らしていくのもいいものです。お互いの気持ちが大胆になり、オーラルセックスに進んでいってもいいでしょう。

二人の体を泡まみれにして、ヌルヌルとした肌の感触を楽しむのもシャワールームならではのプレイです。

背面から愛撫する性感効果の大きさ

セックスがヘタな男性に限って、愛撫もセックスも正面からということが多いような気がします。なぜ、そんなに正面が好きなのでしょう。背中から寄り添ったほうがよほど刺激的な愛撫を行なえるはずです。セックスはその時々にあわせて臨機応変にスタイルを変えていくべきなのです。

背後に寄り添って穏やかに愛撫を進めることは、女性の羞恥心を和らげる大変に良い効果を持たらしますが、別の意味でも女性を感じやすくさせます。女性は全身が性感帯ですが、とくに背中や腰に感じやすいところが多いのです。

無理に女性を振り向かせてキスをする必要はありません。指先で触れるか触れないかくらいに、耳、後れ毛、うなじ、肩など、女性のエロティックなラインをじっくりと時間をかけてなぞると効果的です。愛撫というより、壊れやすいものを慎重に触わっているような感じでしょうか。

背後から寄り添う愛撫法

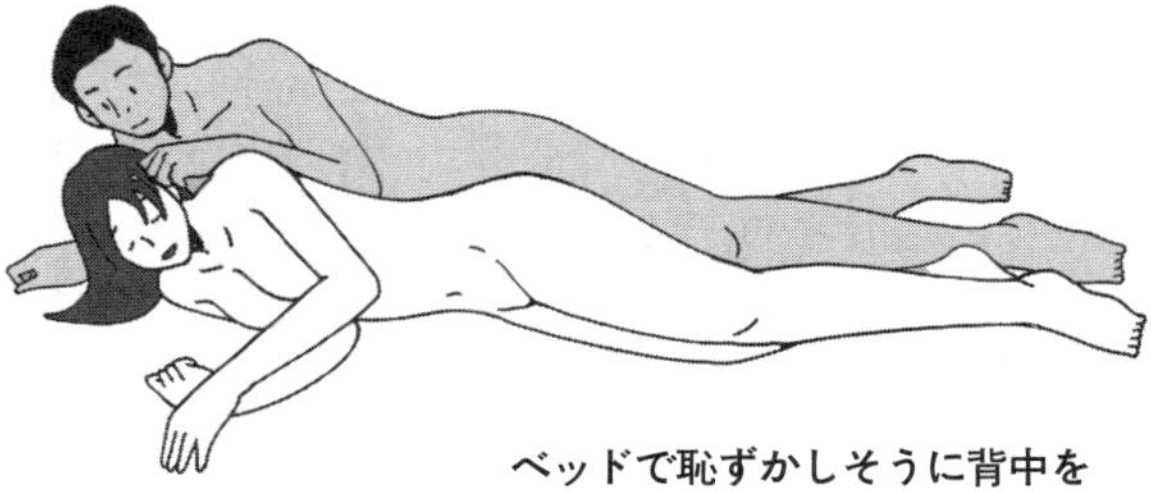

ベッドで恥ずかしそうに背中を向けている女性には、背後から寄り添って肩のあたりから優しく触れていこう

ソフト愛撫のコツ

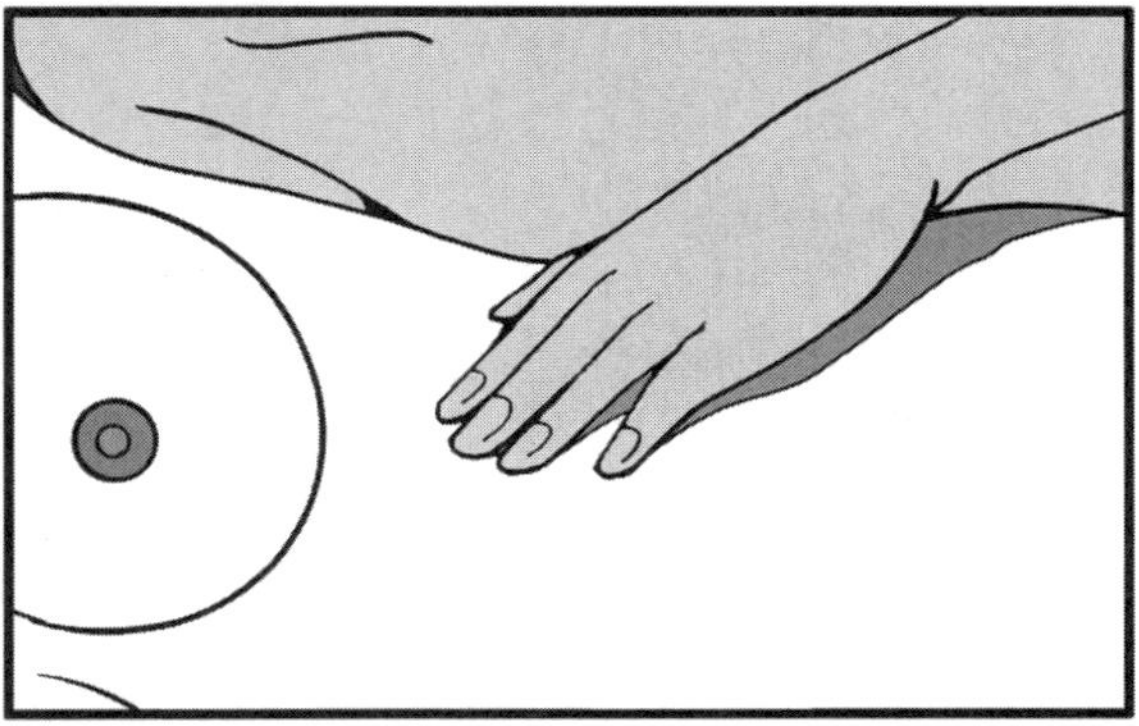

ソフト愛撫は、手のひらを肌から少し浮かし、指の指紋部が触れるか触れないくらいの感じでゆっくり行なうのがコツ

さらに今度は、同じように肩や腕、乳房の横、背中、ウエスト、腰骨など広くゆっくりとなぞります。女性のかすかな吐息が聞こえるほど、ゆったり落ち着いた雰囲気で行なってみましょう。

男性の指先の感触に、女性は快感を集中させるに違いありません。

性感に集中させるソフトタッチ

ベッドに入ったら何をしてもいいと、乳房を力任せに揉みくしゃにしたり、いきなり膣に指を入れたりするのは未熟な若者のすることです。

実際には女性の感度は繊細で、指先で触れるか触れないかくらいの微妙なタッチにより、女性は性感に集中しやすくなるのです。また、その指の動きも素早く撫でるのではなく、じれったいくらいにゆっくりと進めるほうが効果的です。

強く擦ったり、揉んだりするのは、セックスがスタートしたばかりのときにはとくにマイナスです。男性の力任せの雑な愛撫は、女性の性感への集中を妨げることにしかならないのです。

身勝手なセックスとは何もことさら乱暴な行為を指して言っているのではありません。

自分はそんなに強く愛撫していないつもりでも、女性が性感を覚えるように愛撫してあげなければ意味がないのです。

男性は女性の性感反応にもっと深く注意を傾けなければならないでしょう。それが大人の男としてセックスを成熟させていく第一歩になるのです。

腰骨の内側へのタッチは驚くほど効く！

ウエストのくびれからヒップへと盛り上がるライン。ここは女性のもっとも美しく、また男性をうっとりさせるエロティックな部分でしょう。

そのいちばん高いところには、骨盤の一部である腰骨があります。この腰に突き出た大きな骨の内側（お腹側）のところが、女性はとても感じやすいようです。

この腰骨の内側を指先で触れるか触れないかくらいのタッチでゆっくり繰り返しなぞってあげましょう。

また腰のまわりはとても感じやすい性感帯が集中している場所でもあります。
・恥骨の上あたり
・ヒップの尾てい骨の下のくぼみ

腰周りの敏感痴態

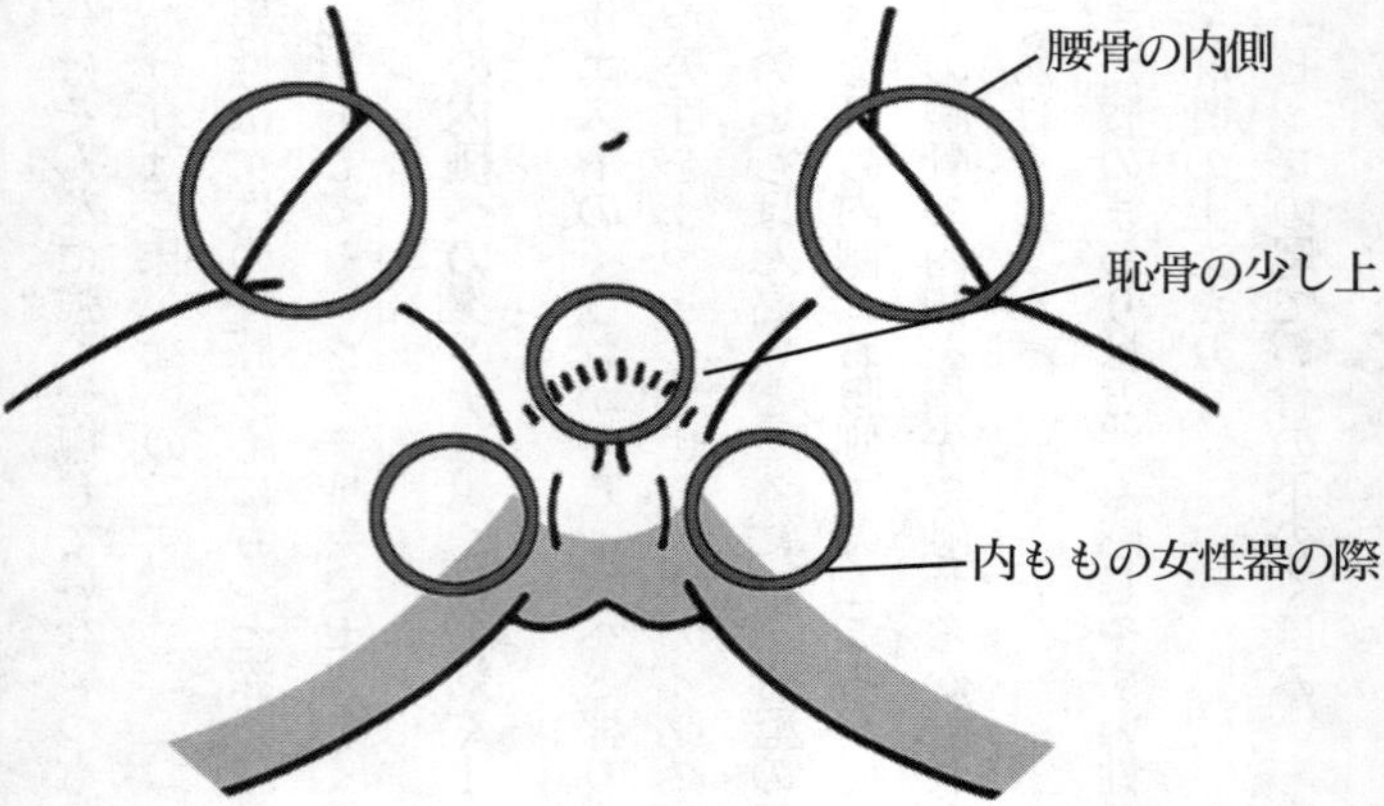

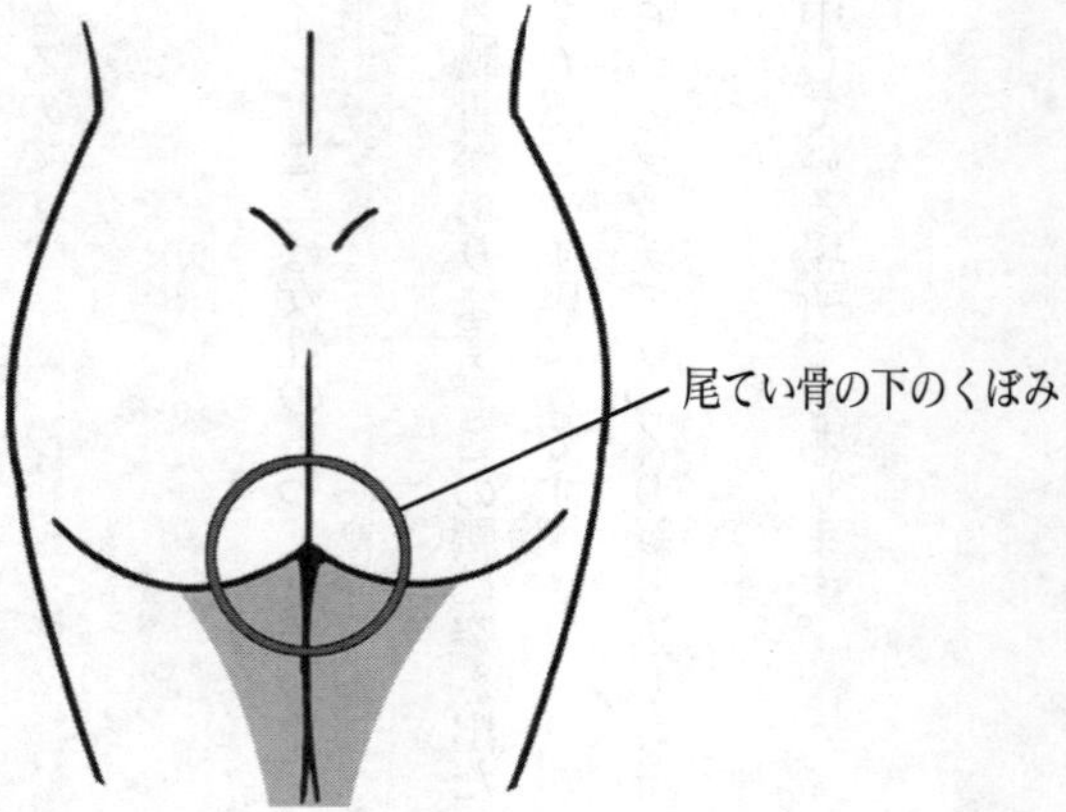

イラストの敏感ポイントを意識しながら、ウエストライン、腰の中心、腹部、ヒップの丸みなど広く愛撫したい。とくに尾てい骨の下は、ほとんどの女性が感じる、隠れた性感帯だ

・内ももの女性器の際まで

腰のまわりや太ももなどをゆっくり優しく撫でさすりながら、この3つのポイントを意識して、先ほどの腰骨の内側への愛撫と同じように、デリケートなタッチで繰り返し愛撫してあげましょう。性器に近いポイントですが、女性にはそれほど抵抗のない部分ばかりです。

性感に集中している女性のかすかな吐息に耳を澄ませながら、その呼吸に自分の呼吸を合わせるように愛撫してみてください。そして女性の口からせつない吐息が漏れてきたら、感じる部分を意識して、さらにゆっくりと愛撫を続けてあげましょう。

おまじないのようにゆっくりと繰り返される優しい刺激が、女性がかつて経験したことのない未知の官能へ誘っていくはずです。

女性が濡れるのは、乳房や女性器を愛撫されるからではありません。こうして女性が性感に集中することで、いかに性的興奮を高ぶらせているかというところに濡れるメカニズムがあるのです。

奉仕精神こそ大人のセックスの極意

女性に対してなぜそんなに奉仕的にセックスできるのか。愛撫するだけでなぜそんなに神経を使うのか。それでは自分が参ってしまうだけで、セックスを楽しめない！　と訝る男性も多いことでしょう。

ここで改めて隊員のセックスを思い出してください。疲れていたら何時間もセックスを続けられると思いますか？　しかも、彼らは40代以上の中年なのです。

隊員も『せい奉仕隊』に参加するまでは、セックスの技術もそれにかける時間も、人並みでした。『せい奉仕隊』に参加する前は、1回のセックスで何回射精できるかということしか頭になかったという隊員もいます。当時の彼らも自分がこれほど長い時間を愛撫にかけ、射精もせずに5時間もセックスできるようになるとは夢にも思わなかったのではないでしょうか。

ではなぜ、彼らはこれほど奉仕できるのでしょうかか？　その答えにセックス上達の近道があります。

その答えとは、〝女性を感じさせることに悦びを見出すこと〟なのです。

彼らもまた女性が感じることで、大きな悦びを得ているのです。

ひと言でいうと、女性が感じてくれることが、楽しくて楽しくてたまらないから、ときが経つのを忘れてセックスに没頭できるのです。

セックスの悦びを知らない女性たちが、自分とセックスすることによって女性としての悦びに目覚め、大きな変化を遂げていく。それが彼らの悦びです。そしてまた、その経験が彼ら自身のセックスをも大きく変えていったのです。

第五章

女性が感じるオッパイの愛し方

■乳房全体が性感帯の密集ポイント

いきなり乳房を揉んでも快感は得られない

ベッドで女性が仰向けに寝ているところに、男性がそばに寄り添ってキスをする。そんな風にはじめるのが、オーソドックスなスタートかもしれません。

ここでは少しレベルアップした初期段階の愛撫のやり方を紹介しましょう。

キスを楽しみながら、男性は空いている手が届く範囲で女性の全身を広く愛撫しましょう。指先が触れるか触れないかくらいのソフトタッチは同じです。手の甲からはじまって、腕、肩、耳、首筋、胸元、乳房のまわり、脇腹、腰、お腹など、時間をかけてゆっくり進めて女性の反応を大いに楽しむのです。

こうして愛撫しているうち、「どんな愛撫をしてくれるんだろう」という期待感が女性に高まるはずです。やがて緊張はほぐれて性感が大いに高まってきます。全身を愛撫することで乳房の性感も当然、高まってきているでしょう。

乳房はいきなり揉みしだいてもあまり感じないものです。そんな愛撫で女性が感じる感じないを判断するなんて、童貞を卒業したばかりの若者ならいざしらず、いい大人のするセックスではありません。

男性の欲求のままに乳房を揉むのと、女性が触れてほしいと思ってから愛撫するのとでは、触られたときの快感は驚くほど違うのです。

褒めることでバストへのコンプレックスを克服させる

小さい、張りがない、垂れている、あるいは大きすぎる、など女性の乳房に対するコンプレックスは男性の理解をはるかに超えていると言っても過言ではないでしょう。

女性がキスと愛撫に心酔していると思い、男性が乳房に目を転じた瞬間、女性はパッと目を開けて「私、オッパイが小さいでしょう」「前はもっと張りがあったのに」と、ふいに素に戻ったりするのもそのためです。

女性をコンプレックスから解放してあげられるのは男性の言葉による力しかありません。言葉にはある意味、暗示効果があるのです。

乳房を愛撫しながら、「可愛いオッパイだね」「僕は小さい胸のほうが好きなんだ」「この柔らかな感触がたまらない」と、囁くように褒めてあげることです。

乳房が小さくても、垂れていても、あなたが大きすぎる乳房に興味がないとしても、褒め方はいかようにも工夫できるはずです。たとえ嘘でもそれが思いやりというものです。目的は女性が乳房のことを気にしなくなって、セックスを楽しめればいいのですから。

思いやりというスパイスを混ぜて愛撫すると、快感はより豊かになるものです。

乳房への愛撫は手のひら全体を使って行なう

乳房はなだらかな膨らみを持っています。乳房への愛撫はその膨らみの周辺から行なうのが基本です。その際、前述した5本の指先のソフトタッチを使っても構いませんが、女性の反応を確かめながら手のひらの中心を使

バストへの手のひら刺激法

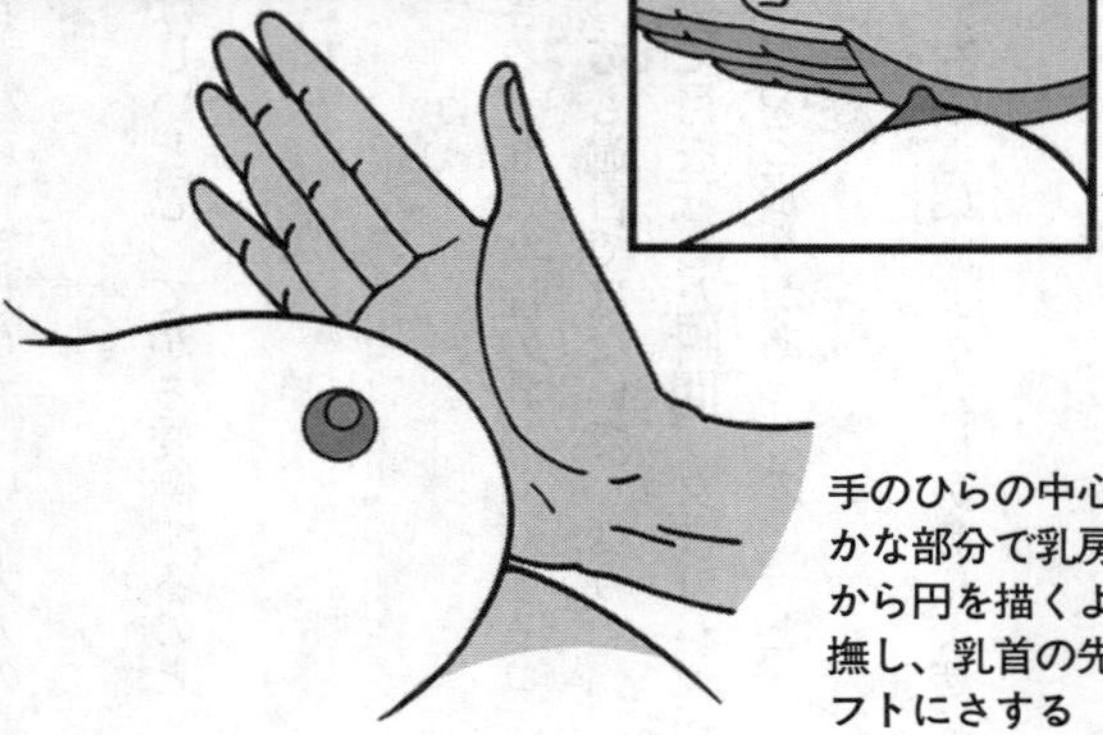

手のひらの中心の滑らかな部分で乳房の周囲から円を描くように愛撫し、乳首の先端もソフトにさする

った愛撫も試してみましょう。

手のひらの中心は〝掌（たなごころ）〟といって、とても温かくて滑らかです。手のひらを広げ、この掌の部分で乳房を周囲からそっと撫でるのです。乳首を中心とした大きな円を描くようにゆっくりと愛撫していきましょう。あるいは、バストのアンダーラインから乳首に向かって静かに撫で上げていくのもいいでしょう。乳房の下からだけでなく、横や斜め下からも撫で上げてみてください。

さらに乳首に向かって撫で上げていったとき、この掌を使って乳首を愛撫すると、一段と興奮する女性も多いものです。乳首の頂点に掌がかすかに触れるようにして小さな円を描くように刺激するのです。

口と乳房の間の敏感地帯を攻める

女性が快感に没頭しはじめたら、その流れを途切れさせないことが肝心です。そうすれば女性の快感はどんどん深く豊かになっていくのです。

手で乳房を愛撫している間に、口では耳から首すじ、肩、鎖骨などにキスしたり、舌先でなぞったりするといいでしょう。咽喉は人間の急所ですから、敏感な末端の神経が

口元から乳房の間に性感地帯が！

円で囲んだ口元から乳房の間には耳、うなじ、鎖骨と敏感な性感帯が密集しているため指先や口でやさしく時間を掛けて、じっくり愛撫したい。

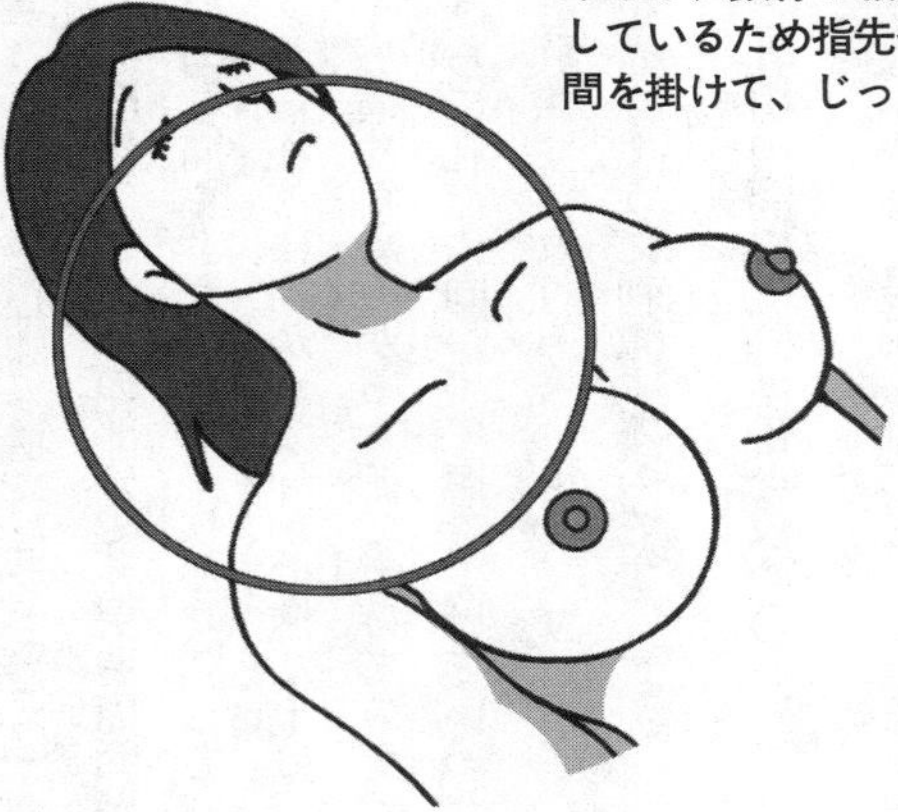

張り巡らされている場所です。とくに首すじの頸動脈のあたりがとても敏感なポイントです。

キスのあとすぐ、乳首に吸いつくような愛撫をしている男性は多いと思いますが、女性の口と乳房の間にあるこの性感帯を見逃す手はないでしょう。

こうして耳や首すじ、肩、鎖骨と口で愛撫したら、乳房には向かわずに再びキスに戻るという変化球も効果的です。キスが大好きな女性なら、なおさら感じ方が豊かになるはずです。

何も順序正しく愛撫する必要はありません。むしろ、パターン化しない愛撫のほうが刺激的です。

これに加えて、乳房を手のひらで愛撫すれば、女性は常に敏感な二箇所を同時に刺激され、ますます性感が高揚してくるでしょう。

乳房への口愛撫

乳房を口で愛撫するときは、やはり胸元や乳房のまわりから行なうのが基本です。乳房へのキスは大いに女性を興奮させますし、乳房を刺激することで、乳首も感じやすくなってくるものです。また、他の部位と同じように、舌でも様々なワザを駆使して舐めてあげましょう。

こうして乳首に近づいていきます。乳首はそのまわりの乳輪から舌でなぞるというのが刺激倍増のテクニックです。乳首のまわりの乳輪を舐めるときに舌が乳首に当たったりして女性を興奮させるのです。

乳首は舌先を上下、左右、円に動かして転がしたり、乳首を大きく口に含んだまま舌で同じように転がしてあげるといいでしょう。乳首を唇で挟んで摘み上げるやり方もあります。乳首が感じやすい女性はいろんな舌使いで丹念に愛撫してあげると素晴らしい快感に目覚めていくものです。

ただ、その間、乳首の愛撫に夢中になって、両手が何もしていない男性も多いのではないでしょうか。空いている両手を使って乳房、脇腹、腰などをさすってあげると、女性の反応はより豊かなものになっていくことでしょう。

第六章

深い快感を誘う複合愛撫術

■全身を使って女性を愛せ

口、両手、脚まで使う4箇所愛撫

愛撫が進むと女性の快感は全身に広がっていきます。

男性は興奮が進むほどペニスに快感が集中するものですが、女性の性感は逆に拡散していく特質を持っています。複数の性感帯を同時に愛撫してあげたほうが、女性の快感はもっと深く大きくなっていくのです。このとき男性は姿勢を変えたほうが、愛撫しやすくなります。これまで横に寄り添って愛撫していたとしたら、男性が女性の体の上に覆いかぶさる体勢をとりましょう。

このとき男性は女性の体の両サイドに肘を着き、女性に重みを掛けないようにすることが大切です。しかも、男性が肘で自分の体を支えることにより、両手を自由に使って愛撫することができるようになります。

さらに片脚を女性の股の間に入れて膝の上の柔らかい部分を女性器に押し当てるようにしましょう。

これで口、両手、膝を使って女性の体の4箇所を愛撫できることになるのです。例えば首すじにキスをしたり、舌でなぞったりしながら、片手は乳房、もう一方の手は乳首、あるいは脇腹などをさすることもできます。男女が正面を向いて対面しているのですから、横に寄り添っているときよりも口で愛撫する範囲もはるかに広くなるのです。

女性器に当てられた膝で、女性は性器にも直接的な刺激を感じ、先ほどまでの愛撫以上に多様な興奮を覚えるはずです。膝は女性器にそっと当てるだけで充分でしょう。男性は膝に女性器の熱い温もりを感じることができます。さらにその膝で温かい愛液が溢れだしてくるのもしっかりと感じ取ることができるのです。

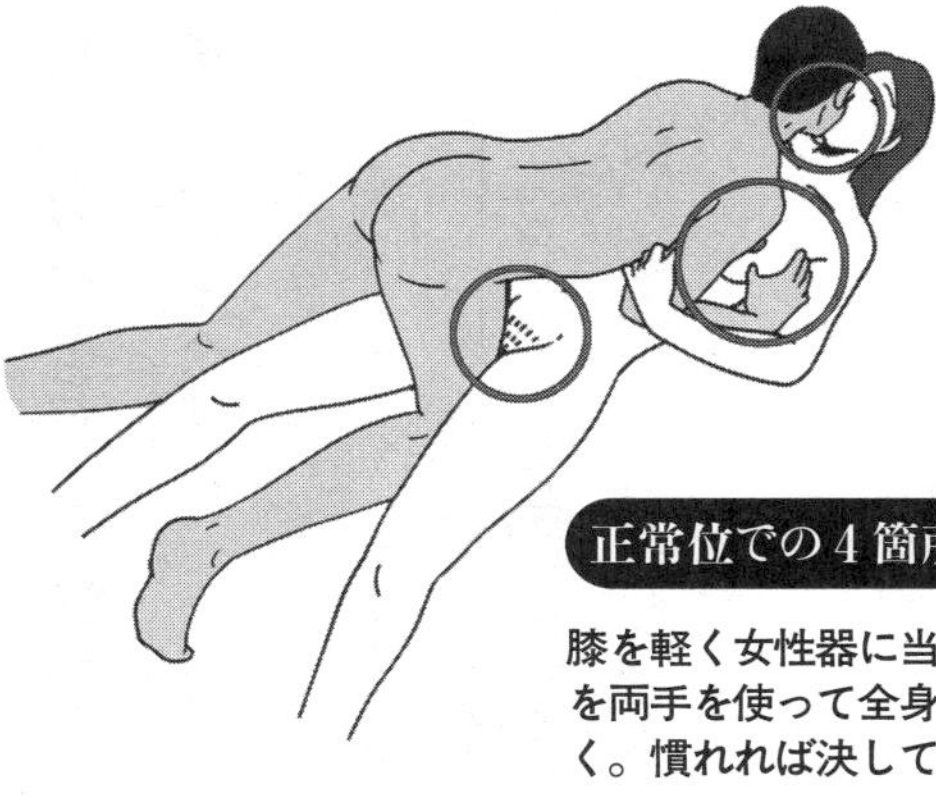

正常位での4箇所愛撫

膝を軽く女性器に当てたまま、口を両手を使って全身を愛撫していく。慣れれば決して難しくない

口技のバリエーション

唇や舌の圧力を変え、女性が感じるやり方を探すことが肝心。歯を軽く当ててなぞるのもときに新鮮味を生む

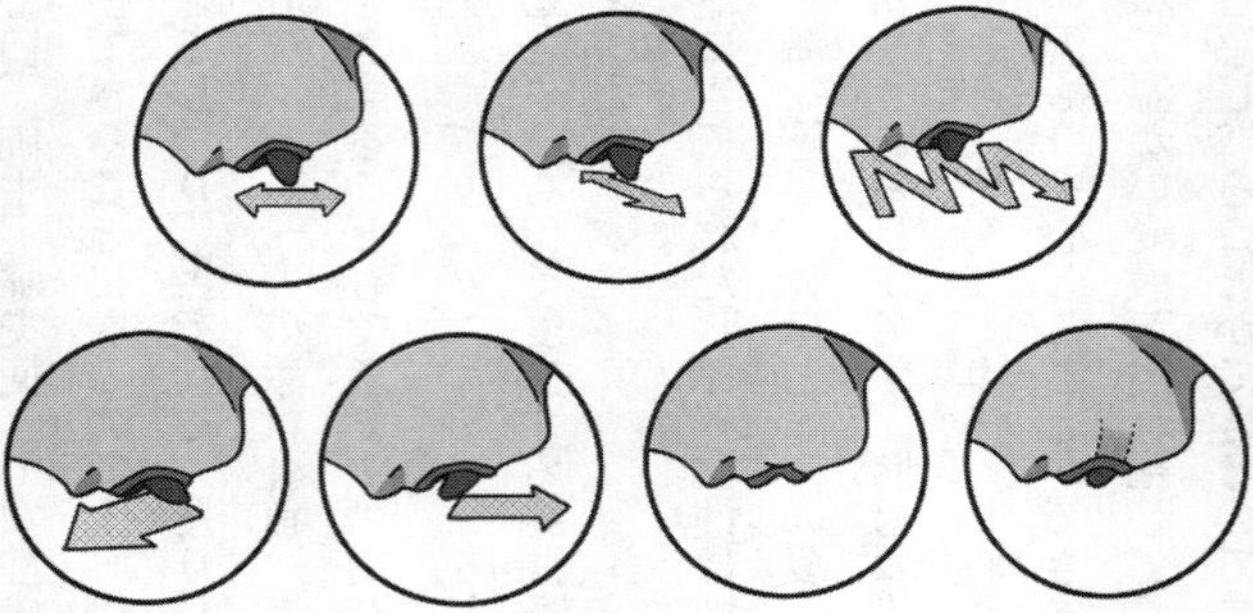

口は変化に富んだ刺激を与えられる武器

舌を使った愛撫を全身に行なうと女性はとてもうれしいものです。「いままでに、こんなところまでキスしてくれた男性はいなかったわ」と、感謝の気持ちさえ湧いてくるものです。キスは髪の毛から足の指まで全身のどこにしても抵抗がなく、未知の性感ゾーンを開発するきっかけとして大いに役立ちます。

さらに、全身にキスを散りばめていくと同時に、舌の愛撫も加えてみると効果は倍増します。

では舌使いについて説明しましょう(上記のイラストも参照)。

・舌先を小さく上下に動かしながら刺激する
・舌先を左右に動かして刺激する
・舌先でジグザグになぞっていく
・舌を広げ、肌にべったりつけて舐める
・舌の裏を使って刺激する
・唇を肌に押しつけたまま吸う
・唇を肌に押しつけたまま舌も使って刺激する

こんなところでしょうか。

舌先で愛撫すると繊細な刺激、舌を広げてべったり舐めると艶かしい刺激、舌の裏で愛撫するとそのヌメッとした刺激が新鮮な感覚を与えます。また、唾液の有無によって乾いた刺激、唾液で滑るなめらかな刺激を与えることもできます。

このように口はとても変化に富んだ刺激を与えられる優れた武器になります。手の指や足の指を口に含んだり、指と指の間に舌を差し込んだりするのも驚くような快感につながる可能性を秘めているのです。

足の指へのキスは、はじめて舐められる女性が多く、驚いて思わず足を引いてしまう女性も少なくありません。汚い、恥ずかしい、そんなところまで舐めてくれる男性に申しわけないといった複雑な感情が湧き上がるからです。

しかし、セックスの興奮は、リラックスと緊張とが交互に訪れることによって官能が深まっていくものです。最初は驚いても、しだいに慣れて抵抗が薄らいでいくと、抵抗があった部位への刺激ほど刺激的に感じてしまうことは珍しくありません。

体勢を入れ替えて逆向きになった4箇所責め

前述してきた4箇所責めは、途中で男性が体勢を方向転換すると、さらにバリエーションが豊かになります。口による愛撫で太ももの付け根のあたりまで移動したら、男性は頭を女性の足先に向けて体勢を入れ替えるのです。このとき男性の脚は女性の体を跨ぐのではなく、両脚を女性の片側に揃えて置いたほうが女性に無理がありません。女性を跨いでしまうと、唐突にシックスナインの体勢になってしまうからです。男性の両脚が女性の体の横にある状態では、女性は男性がそばにいるという安心感を与えるのです。

こうして、女性の足指を口で愛撫しながら、手で膝頭や太もも、お腹などを愛撫でき

4箇所愛撫からの転換

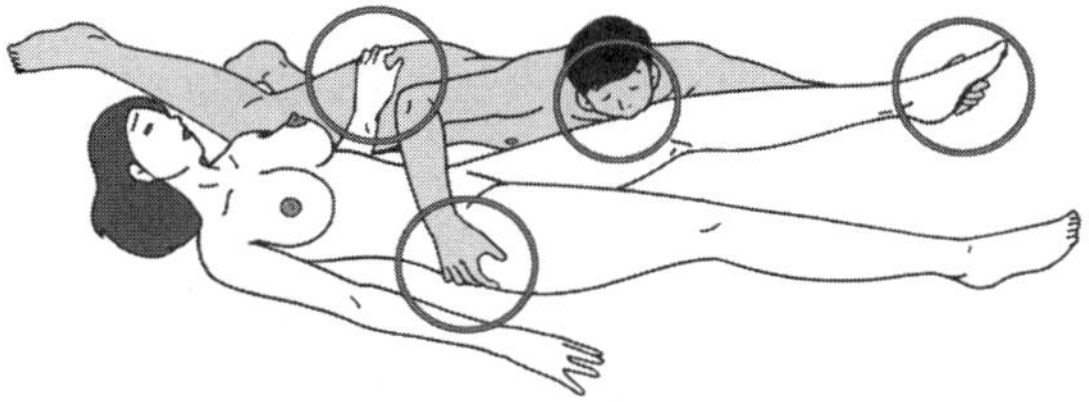

脚部への愛撫は密着感を損なわないように男性が逆さの体勢で、足先から女性器へ徐々に近づいていく

後背位での4箇所愛撫

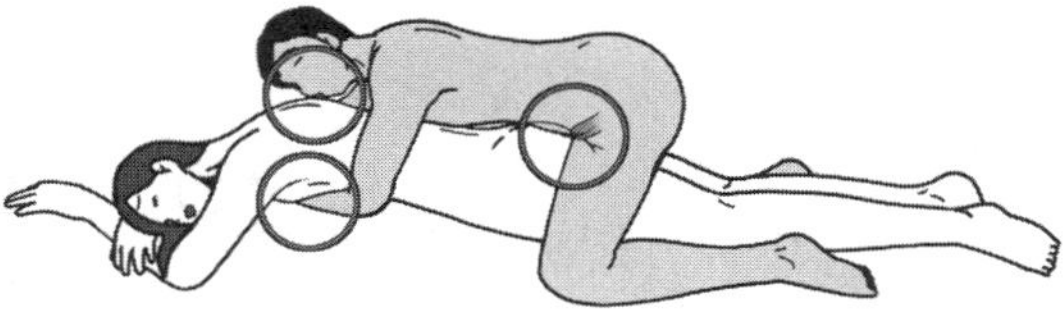

女性をうつ伏せにしたロ、両手の愛撫は、男性が肘を着いて自分の身体を支え、女性に重みを掛けないのがコツ

るわけです。そしてさらに口の愛撫で、足指、膝頭、内ももと舐め上がっていきながら両手も使って愛撫するのですから、女性の体にとてもバリエーション豊かな刺激を与えることが可能になるのです。

また、この体勢で愛撫しているとき、女性のそばには男性の下半身が横たわっているわけですから、女性は男性の脚腰やペニスに触れることもできるでしょう。男性が女性の体を愛おしいと思うように、女性も男性の体を愛おしいと思えるようになり、ペニスに触れてくる女性は決して少なくないのです。

女性をうつ伏せにした4箇所責め

今度は女性をうつ伏せにした4箇所責めです。

うつ伏せに寝かせた女性の体の左右に両肘をついて覆いかぶさります。そして両手を女性の乳房の下に差し込んで乳房を手のひらで包むように愛撫します。さらに、女性の股の間に男性の膝を当ててもいいですし、女性の体を跨いでもかまいません。そうすればペニスがヒップに当たって女性にも刺激的ですし、男性も大変に心地良いものです。ヒップに当たるペニスの感触はセックスに慣れていない女性でもそれほど抵抗がないはずです。

この体勢では、女性の顔は下向きになりますが、お互いに顔を寄せ合えばキスをすることも可能です。キスのあとは、耳、うなじ、肩、背中と、仰向けの4箇所責めと同じように、口と両手を使って下方へ愛撫を進めることができるのです。

女性の背面はじつに豊かな性感を持っています。じっくりと愛撫してあげれば、新たな性感が大いに目覚めてくれるはずです。背すじやその両側、肩甲骨の間、腰まわり、ヒップのワレメまでたっぷりと愛撫してください。

そこで男性は体勢を逆向きに入れ替えて、今度は女性の足先から膝の裏、ヒップのワレメへと舐め上がっていくようにしましょう。

ここまで徹底して全身を愛撫すれば、女性の快感はすでに6合目くらいまで辿りついているはずです。この愛撫の最後にキスを交わせば、女性がどれほど高揚しているのかが、その濃厚な反応から男性にもしっかりと伝わってくるでしょう。

感じているサインを見抜け！

すべての女性の性体験やセックス観が異なるように、感じているときの反応には様々な個人差があります。同じように思えても、女性によって快感を素直に表現できる女性と、感じていても上手く表現できない女性がいるのです。女性が感じているときの反応は次のようなものです。

・目がトロンとしている
・呼吸が荒くなる
・汗をかく
・喘ぎ声が出る
・体がヒクンとひくつく
・体を大きく反らせる
・肌が紅潮する
・女性器が濡れている

性的興奮が高ぶると、以上のような反応が次第にはっきりしてきて、男性は女性が感じていることを確かめられるわけです。

しかし、素直に快感を外に出すことができずに押し殺してしまう女性もいるということを忘れてはいけません。もし女性が後者だった場合、言葉によるコミュニケーションが不可欠です。女性が感じているのかどうか分からないときは、「気持ち良くないの？」「愛撫が強すぎるなら言ってくれていいんだよ」と、口に出して伺ってみることが大切です。男性が一生懸命に愛撫している姿を見た女性は、その場の雰囲気を優先して多少の痛みを我慢していることがよくあるものです。

「気持ちいい？」「感じる？」とストレートな表現を使うことに意味がないとは言いませんが、女性が何かを必要としているときに、正しくそれをキャッチするためにも、思いやりのある言葉を使いたいものです。そうすればセックスは必ず良くなります。セックスが上手な人たちは皆、そうして女性のセックスを理解し、男として成熟していったのです。

性感が開発されるということ

性感帯に関する隊員のユニークなエピソードがあります。

前述したように、女性は首すじがとても感じやすいのですが、愛撫をはじめたばかりの時間帯はあまり反応が良くありません。ところが、ある隊員の経験によれば、全身に愛撫を行なって、まさにペニスをインサートする瞬間に首すじに触れると、一気にオーガズムに達して潮まで吹いてしまったというのです。もちろん出会った頃からそこまで性感が発達している女性だったわけではありません。

いいセックスをすることによって女性は〝自分の体は感じるんだ〟ということを自覚していきます。その自覚は女性の自信となって次々に性感帯が開発され、セックスの悦びがさらに豊かになっていくのです。

第七章 外性器への愛撫術

■女性器への指、舌の愛撫

指による女性器愛撫のスタート

女性の体に触れるときと同様に、女性器への愛撫もいきなり中心部に触れるのは女性に強い緊張感を与えます。ですから、女性器の周囲から愛撫して徐々に中心に向かっていく愛撫を心がけなければなりません。

最初は、恥毛から優しく撫でたり、内ももの付け根をそろそろなぞったり、大陰唇をゆっくりと撫でまわしたりします。そして、小陰唇やクリトリスの包皮へと向かい触れるか触れないかくらいのタッチを心がけて刺激しましょう。それからいよいよデリケートな粘膜部分を愛撫するのです。

クリトリスに触れる前に

いよいよワレメの粘膜部分に触れるわけですが、必須事項がひとつあります。それは愛撫する指先の指紋部を愛液で濡らすことです。

愛液は膣の中から溢れ出てくるものです。いきなりクリトリスを触わる男性がいますが、濡れていない指でクリトリスに触れると滑らかな愛撫ができず、クリトリスが擦れて女性が痛みを覚えることもあります。ですから、膣から溢れ出た愛液を指で粘膜の全域に延ばしていくような愛撫をすることを忘れないでください。

クリトリスそのものは愛液を分泌しないので、クリトリスを愛撫する際はそのたびに指で膣の入口から愛液をすくうようにして、クリトリスに塗って愛撫する習慣をつけることが大切です。

クリトリスへの指愛撫

クリトリスの場所は左右の小陰唇が交わったすぐ上にあり、ペニスと同様に包皮に包まれていて、大半の女性が仮性包茎です。

クリトリスは〝下から上へ〟という方向に愛撫すると感じやすい女性が多いようです。つまり、小陰唇の粘膜からクリトリスを持ち上げるように愛撫するということです。持ち上げるといっても指先をミリ単位で、繰り返し上下させる程度の小さな動きで充分です。こうすると、包皮に包まれているクリトリスでもその先端が指に触れやすくなるのです。ただし、力の入れ方に充分に注意しましょう。

女性がクリトリスへの愛撫に慣れてきたら、包皮からクリトリスの先端を露出させて愛撫してみましょう。

女性にしてみれば、普段、包皮に包まれている部分が刺激されるわけですから、とても新鮮で刺激的な興奮を覚えます。また、クリトリスの愛撫面積も増しますから快感が豊かになります。

しかし、女性によっては刺激が強すぎて耐えられないことも決して珍しくないのです。刺激が強すぎるというのは、男性にはピンとこないかもしれません。単純に粘膜が擦られすぎて痛いのであれば、愛撫をさらにもっとソフトにしたり、クリトリスを直に愛撫するのを止めて、包皮の上からの優しい愛撫やクンニリングスに切り替えて刺激してあげましょう。

一方、〝感じすぎる〟という意味で刺激が強すぎるとき、クリトリスの性感に対して女性は特有の表現をします。〝気持ちいいけどくすぐったさに耐えられない〟〝感じすぎて体がついていけない〟というものです。

こういう場合は、いったんクリトリスの愛撫を止めて他所を愛撫し、再び愛撫してみ

クリトリスへの指愛撫

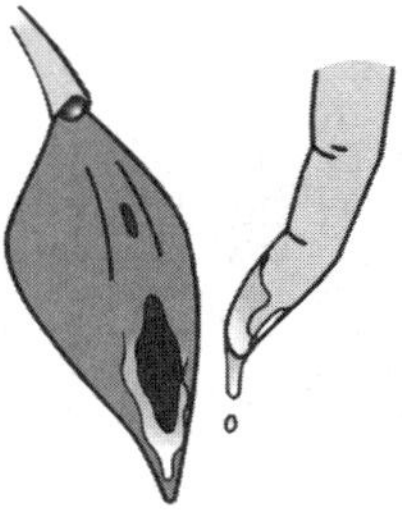

愛液を利用し女性器を濡らす

指で膣口から愛液をすくい女性器全体をたっぷり濡らすように愛撫しながらクリトリスへ向かう

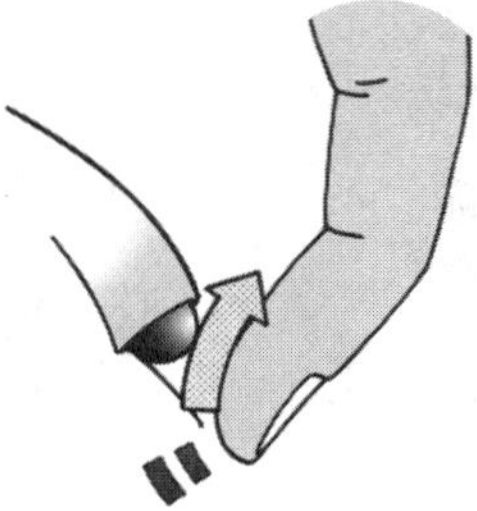

指先を使い小刻みに刺激

膣前庭からクリトリスへ指先だけを小さくクリックするように繰り返しソフトに撫で上げると女性が感じやすい

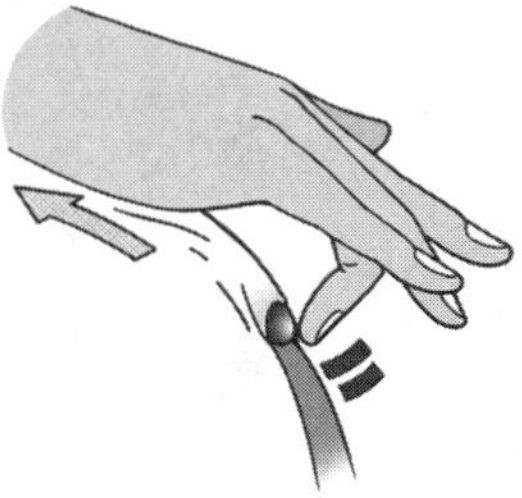

クリトリスを露出

手のひらの付け根で恥丘を引き上げてクリトリスを露出させ、指先で上下、左右、円を描くように愛撫するるといいでしょう。愛撫の方向や強弱などに変化をつけて愛撫すると、刺激に慣れはじめ、快感として徐々に受け入れられるようになってきます。また、指の愛撫を止めて舌の愛撫に切り替えるのもお奨めです。

クンニリングスのスタート

クンニリングス(クンニ)とは口で女性器を愛撫することをいいます。クンニをはじめる場合も、やはり女性器そのものからではなく、周りから行ないましょう。股の付け根から大陰唇、小陰唇、小陰唇の内側という具合に外から中へと進めていくのは指で愛撫するときと変わりません。

注目したい性感帯は、太ももと大陰唇の境の太い腱がある、少しへこんだようになっている部分です。ここを舌で舐められると感じやすい女性が多いようです。舌先の愛撫と舌を広げてべったり舐める愛撫を強弱の変化をつけて試し、女性が感じる愛撫の仕方を探していきます。

大陰唇、小陰唇は無視して通過できない部分です。触れるか触れないかくらいのソフトな舌使いも大変に有効です。大陰唇は広く丹念にジグザグに舐めまわし、小陰唇は繊細に小刻みに舌先でくすぐるような愛撫を試してみましょう。小陰唇の上部のクリトリス包皮も小陰唇と一緒に愛撫してあげましょう。肌を愛撫するときの舌使いを思い出していろんな変化をつけて女性を感じさせてください。

ワレメの粘膜部分は、舌で下から上の方向に舐めてあげると豊かな反応を示す女性が多いようです。膣口からクリトリスに向かって繰り返し、ゆっくり愛撫してください。

クリトリスと膣の間のスペースを膣前庭と呼びます。尿道口がある部分です。ここは大変に豊かな性感を持っています。丹念に愛撫して損はないところです。

口での愛撫は女性器を目で見ながら愛撫できますから、どこをどんな風に刺激すれば女性が感じるのか、間近で見て確かめられます。女性の表情は見えませんが、経験を重ねていくうちに女性の声や体の反応で分かるようになるものです。女性の反応が心配になったら、ときどき女性器から口を離し、指の愛撫に切り替えて、女性に快感があるか、どんな愛撫が感じたかなどを聞いてみてもいいでしょう。

クリトリスを舌先で転がす

クリトリスはまず舌先で持ち上げるように舐めてみることをお奨めします。その愛撫で女性が感じるかどうかを観察し、舐めている部分がダイレクトにクリトリスを刺激しているのかどうかを確認する意味も込められています。クリトリスの形がはっきりと分かる女性もいますが、クリトリスのまわりはその包皮や左右の小陰唇が交差し、どこがクリトリスか明瞭には分からない女性も多いのです。

一方、舌を使った愛撫でも触れるか触れないかくらいにソフトな愛撫を心掛けることが大切です。男性は強く愛撫すると女性の快感も高くなると単純に考えがちですから、この際しっかり〝ソフトに愛撫すること〟を頭に入れてください。柔らかな愛撫ができる男性ほど女性を感じさせられます。舌先を固くしないで、柔らかく保ったまま舐めてみることからはじめるのがベストです。

舌使いは、

- 下から上に舌先だけで小さく舐め上げる
- 舌を左右に揺らして舐めてみる
- 小さな円を描くように舐める

などです。また、舌を使うやり方のほか、包皮ごと口に含み、口の中に唾液を満たして舌でクリトリスを愛撫するのも大変に効果的です。

また、クンニの最中は、空いている手で脇腹やヒップなどを愛撫したり、手のひらで触れているだけでもクンニの効果がより豊かになります。

包皮をむいてクリトリスを舐める

もし、女性がクンニを悦ぶなら、指でクリトリスを包皮から露出させ、直に舐めてあげるのも性感を豊かにする効果が大きくなります。

両手の指をクリトリス包皮の横に当て包皮を押し上げるようにするとクリトリスの先端が露出してきます。普段、包皮に隠れている部分まで刺激を与えるような気持ちで丁寧に愛撫してください。女性にとって、これまでに経験したことのない新たな快感が悦びを知ることにつながるのです。

『せい奉仕隊』の隊員はクンニをとても大切にしています。クンニが女性の性感を豊かにすることを経験則で知り尽くしているからです。10～15分は当たり前で、30分以上行なうことも珍しくありません。

女性器を舐めるのは苦手という男性もいるようですが、クンニこそ前戯のメインディシュです。自分は女性に対してフェラチオを強要し、相手にはクンニすらしないのであれば、充実したセックスにはなり得ません。

舌使いの強弱3段階

〝触れるか触れないかくらいのソフトタッチ〟と何度も繰り返し述べていますが、女性によっては強い愛撫を好むこともあります。口に出して「もっと強くして…」と懇願する女性もいます。そういう女性にはソフトタッチがもどかしくてたまらないのでしょう。ある隊員の経験則によれば、強弱の好みは次の3段階くらいに分けられるといいます。

①かすかな刺激
②強すぎない刺激
③強い刺激

①のかすかな刺激を求める女性が7割、②の強すぎない刺激を好む女性は2割、③は

クリトリスへの口愛撫

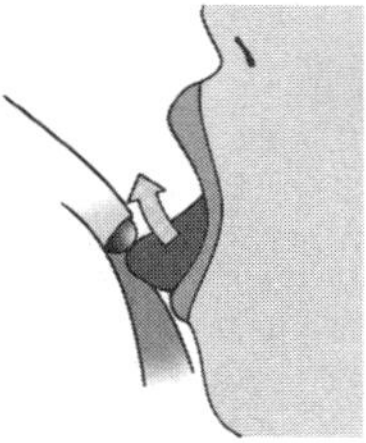

舌で持ち上げる

舌でクリトリスを持ち上げるように愛撫する。基本は舌先を固めずにソフトな感触を保ったままで行なう

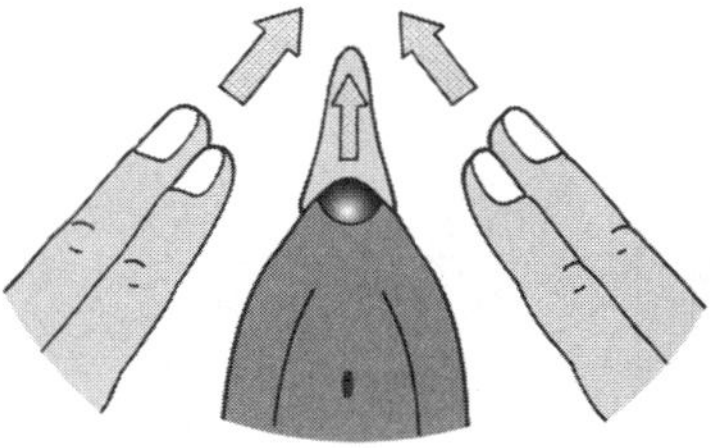

むき出しにして舐める

両手の指を包皮の両サイドにあてて軽く押し上げ、クリトリスをむき出しにして口でじっくり愛撫する

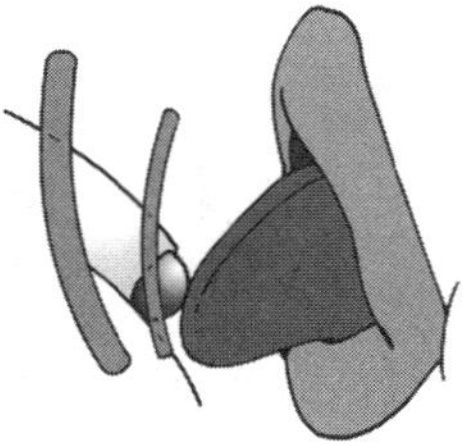

舌の圧力の強弱をつける

強い刺激を好む女性にはソフト愛撫から舌先の圧力を3段階に変化させれば効果的だ。女性の反応をみながら行なおう

1割でもっとも少ない。やはりソフトな愛撫を好む女性が圧倒的多数です。

愛撫の強弱の好みは、生まれつきというより、女性の性体験によって培われたものと考えるべきでしょう。強い刺激を好む女性は強い刺激しか経験してこなかったから、その中で性感を身につけていったのです。ですから、強い刺激を好む女性でも、ソフトな愛撫を経験したら、未知の感覚を見出すこともあるのです。

それは隊員の次のようなエピソードでも理解できます。

隊員がソフトタッチでクリトリスを愛撫すると、興奮した相談者は「いま何をしたの？　こんなに感じたのはじめてよ！」と目を丸くしたといいます。

彼女はそれなりの男性経験があるタイプでした。むろんクリトリスへのクンニも経験済みです。そんな彼女が「いま何をしたの？」と驚いたのは、クリトリスがこんなに感じるものだということをはじめて経験したからです。これまでクリトリスにこれほど優しい愛撫を受けたことがなかったのでしょう。

男性の手前勝手な愛撫と、思いやりをこめてコントロールされた愛撫とでは、女性に与える快感がこんなにも違うということです。

クンニの最中、女性の反応がいまいち分からないときは、刺激の強弱を左記の①〜③

の3段階で試してみるのもいいでしょう。具体的には、舌の圧力を変えてみるのです。実際には次のようなイメージです。

①舌でクリトリスに圧を掛けず、表面だけを唾液で滑るように刺激する
②舌に若干の圧力を掛けながらもソフトな意識を保ちながら刺激する
③アゴが疲れるほど圧を強くかけて舐めまわす

いくらソフトタッチが効果的だとしても、人間の体は刺激に慣れてくるもの。女性と親密にコミュニケーションを取り、反応を見ながら愛撫にメリハリを利かせるのがベストでしょう。

乳首とクリトリスの両方を刺激

クンニの快感をさらに高めるのは、クリトリスと乳首を同時に愛撫してあげることです。クリトリスを舐めながら両手を前に伸ばして、乳首をつまんだり、転がしたりすることは特別、難しいことではありません。

クンニの弱点は男女の密着感が得られないことですが、乳首への愛撫はこのことも充分補えるほどの豊かな快感を与えてくれるのです。

女性が感極まったとき、無意識に自分で乳首を刺激している女性もいます。子宮が感じてくると乳首がせつなくなってくるという女性もいます。乳首は実に魅惑的な性感ポイントと言えそうです。

クンニリングスを拒む女性もいる

セックスに開放的な女性でも、はじめての男性とセックスするときは恥じらいを覚えるといいます。アダルトビデオの女優さんも仕事ではまったく羞恥心がないのに、プライベートではとても恥ずかしがり屋になることは珍しくないのです。

いよいよクンニしようというときに女性が反射的に手で女性器を覆い隠したり、男性の頭を押さえつけて羞恥心を表すことは珍しくありません。しかし、その程度であれば、「恥ずかしがらなくて大丈夫だよ」と手をどかしてあげるだけでクンニを受け入れてくれるはずです。

しかし、股をきつく閉じて頑なに拒む女性もいるのです。

隊員のエピソードを紹介しましょう。

その女性はセックスを知らないわけではありません。しかし、クンニされたことがなかったのです。そのためキスや全身愛撫には抵抗がなくても、クンニになるといきなり股を閉じてしまうのです。隊員がどんなに言葉でなだめても事情は変わりません。仕方なく相談者の気持ちがゆるんでいる隙を見て、隊員は強行突破をして、彼女の股の間に素早く顔を埋めたのです。するといつものように拒否反応から、もの凄い力で頭を締めつけて、股を閉じようとするのです。すでに女性器に隊員の口が届いていたので、構わずそのままクンニを続けました。

以来、彼女はクンニを受け入れられるようになったのでした。彼女の頭の中には「女性器は舐めるところじゃない」、「女性器を見せるなんて恥ずかしい」といった否定的な考えが根強くあったのです。セックスにおいて経験のないことは、女性をこれほどに戸惑わせるということです。

女性の呼吸に合わせて強弱をつけよ

セックスは運動会の二人三脚のようなものです。二人の息が合うかどうかでセックスの良し悪しが決まると言ってもいいでしょう。二人三脚のパートナーは性格も体型も違う組み合わせになることがあります。それでも息を合わせれば、楽しい走りができるはずです。ここで述べようとしているのは、その呼吸についてです。

呼吸を合わせるというのは、相手が息を〝吸って吐く〟リズムに合わせて自分も同じリズムで呼吸することです。二人三脚で「イチニ、イチニ」と声を掛け合うのも、声を出すことで呼吸が一緒になりやすいからです。

セックスの場合は、女性の呼吸に合わせて男性も同じように呼吸しながら愛撫するということになります。呼吸を合わせることで女性の反応に男性の愛撫のスピードやリズムが合いやすくなり、自ずと性感が高まってくるのです。

ただ、女性の呼吸は性感の高まりによって変わります。はじめのうちは穏やかでもクライマックスに達する頃には息が荒くなります。そのときに男性も女性と一緒になって息を荒くしていたら、とても愛撫などできません。

二人三脚のラストスパートで、もし一方が焦って早く走り出したとします。このときパートナーが一緒になって焦ったら恐らく転倒してしまうでしょう。

呼吸を合わせて愛撫するというのは、女性の呼吸を男性が全身で受け止めながら愛撫することと言えるでしょうか。

クンニの最中に手を握る

手を使う愛撫の最中に、女性の手を握ることはできませんが、クンニであれば手は自由ですから簡単に女性の手を握ることができます。クンニをしている間は女性の表情を見ることができないので、手を握ることでコミュニケーションを働かせるのです。

手を握っていると女性の状態の変化が比較的分かりやすくなります。女性が快感に没頭しているときは手から力が抜けていても、女性が激しく高揚しているときは男性の手を強く握り締めたりします。女性に何かあったとき、手の握りの変化で女性の異変に気づけるのです。

また、はじめてオーガズムを経験する女性は、その高みに昇りつめる瞬間に頭の中が混乱し、恐怖に似た感情を覚えることがあります。そんなときに手を握っていると、女性は安心してイキやすくなるのです。

■指と舌を駆使する女性器愛撫

テクニックに長けた男性は舌と指の両方を使い、女性器の複数の性感ポイントを同時に刺激する器用さを持っているものです。その技の中でも特徴的なものをふたつ取り上げてみました。

舌&指の同時責め

A／クリトリスを口で愛撫しながら、指で膣の入口や尿道口のまわりの膣前庭と呼ばれるところなどを愛撫する

B／膣の入口と肛門の間の会陰部を舌で愛撫しながら、指で膣の入口や膣前庭、クリトリスを愛撫する

Aの特徴はクリトリスを口で愛撫することです。指はその他の性感帯を愛撫するのに使っています。一方、Bは逆に会陰部を舌で愛撫しながら、指を他の性感帯を愛撫する

のに使っているのが特徴です。

女性器周辺のたった数センチの空間で、下と指を駆使してこれほどの緻密な愛撫を行なっているのです。

このふたつの特徴を知れば、あとは応用しだいです。女性を精一杯、感じさせてあげてください。

アヌスへの愛撫

アヌス＝肛門はとても豊かな性感帯になりうるところです。

ただし、女性器ではなく排泄器官ですから、愛撫されることに抵抗を感じる女性は少なくありません。そんなタイプの女性に対していきなりアヌスを舐めたりすれば驚いて「何するの！」と怒るのが当然の反応でしょう。身勝手な愛撫はセックスをつまらなくするだけです。

では、触れることができないアヌスをどうやって感じさせたらいいのでしょうか？

先ほど会陰部がとても敏感な性感帯であることを述べましたが、最初はここから愛撫を進めてあげるといいでしょう。

ある隊員が相談者の会陰部を舐めていると、女性はアヌスを舐められていると勘違いしてしまったというエピソードがあります。隊員は「まだお尻の穴は舐めていないよ。ここは会陰といってとても感じやすいところだよ」と説明してあげたそうです。

アヌスは錯覚性感といって、快感が高まっている最中に女性器と一緒にアヌスを愛撫されてもあまり区別がつきにくいという性質があります。ですから、アヌスへの抵抗感さえ払拭されると、俄然アヌスが感じるようになるわけです。つまり、そのきっかけとしてクリトリスなどを愛撫して女性の快感を高めながら、同時に会陰部を愛撫し、アヌスにも触れていくといいでしょう。

とはいえ、アヌスの中まで指を入れられるのは、抵抗がある女性が多いものです。にもかかわらず、触わられたり舐められたりするレベルであれば嫌がらず、快感を覚える女性が多いのも事実です。

不思議なことに、女性のアヌスを口で愛撫して快感を覚えると、女性によっては男性のアヌスを舐めてお返ししてくれることもあります。愛すべきパートナーの体に不浄なところなどないのです。

シックスナインでもフェラチオを無理強いしない

女性がペニスを口に含むことを当然のように考えている男性が少なくないような気がしてなりません。確かに昨今の若い女性はオーラルセックスに対する垣根が低く、男性に求められれば素直にサービスしてあげることは少なくないようです。

そのこと自体を非難するつもりはありませんが、素直に男性の要求を受け入れられない女性もいることを理解しなければなりません。

そもそもオーラルセックスとは相手を気持ち良くしてあげたいという思いやりから生じるものです。自分が気持ち良くなりたいだけで舐めてくれとペニスを差し出す姿には共感できません。その感性こそが、パートナーをマスターベーションの道具としてしか見ていない証なのです。

少なくても『せい奉仕隊』にはそういう男性はいません。『せい』相談所を訪れた相談者にはフェラチオに抵抗がある女性は珍しくありません。

夫にフェラチオを強要されるセックスを続けてきたために、ペニスに触れるのも嫌だという女性もいるのです。

シックスナインの体位

横向き

男女が横向きになり、お互いの太ももを枕にし性器を口で愛撫し合う。リラックスできるので長く楽しめる

女性上位

女性が男性に跨る場合は女性が優位に奉仕できる。男性は指で軽く女性器を愛撫しながら休むこともできる

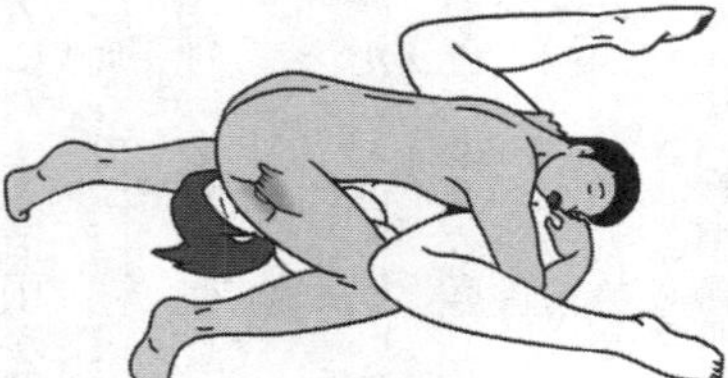

男性上位

男性が上になると指と口の両方で女性にたっぷり奉仕できる。男性は膝で女性の髪の毛を踏まないよう注意

隊員が行なうシックスナインは形こそ〝69〟ですが、女性にフェラチオを求めないやり方をしています。

シックスナインのやり方は体勢によって、およそ次の3種類に分けることができます。

●横向き／男女が横向きになり、お互いの太ももに膝枕をするような体勢で行うシックスナインは、姿勢が楽なため、ゆっくりと奉仕し合うことができる

●女性上位／女性が上になるシックスナインは女性を奉仕しやすく、愛撫に疲れた男性が癒される

●男性上位／男性が上になるシックスナインは女性器を愛撫しやすく、口と指を同時に使った繊細な愛撫も可能で、女性を大いに感じさせる

シックスナインには、このように男女の体勢が変わることによって3つの体勢があるわけです。隊員は敢えて女性の顔のそばにペニスを持っていきません。もちろん相談者がフェラチオを望むなら、普通のやり方で行ないます。お返しのつもりでサービスしてくれる相談者もいるでしょうし、フェラチオをすることで相談者自身が興奮を高ぶらせ

るために行なうこともあるでしょう。

フェラチオができない相談者が、ある日ふいにペニスを口に含んでくれたときの隊員の悦びはどれほど大きいことでしょう。

相手が悦んでくれると自分もうれしいものです。ですから、男性もフェラチオの悦びを女性に言葉で伝えてください。「ああ、気持ちいい。ペニスがトロけそうだ」と、どんな言葉でもいいのです。オーラルセックスは相手の悦びを知ることで自分の悦びを一層深くする行為なのです。

第八章

膣内の感じるポイント

■Gスポットを攻略せよ！

一度でいいから、セックスでイキたい！

　膣オーガズムを経験したいという女性も数多くいます。相談内容をひと言で説明するともっとも多いケースが「マスターベーションではオーガズムを得られても、セックスではイケない」というものです。

「死ぬまでに一度でいいから男性と交わっているときにイキたい……」

　このようなイキたいという願いは、性に目覚めた女性の自然な生理的欲求でしょう。

とはいえ、イクことを目的にセックスしても却ってイケなくなってしまいます。オーガズムはあくまでも結果です。セックスのご褒美くらいに考えたほうがいいのです。女性がイクことを目的にしたら、つまらないセックスをする男性と同じじゃないですか？

　男であれ女であれ、相手の存在を感じようとしなければいいセックスはできません。

どんなテクニシャンでも相手を感じないセックスにオーガズムが訪れることはないのです。

膣性感を開発するポイント

膣の中を指で愛撫することは、女性の膣感覚を開発するいいトレーニングになります。その場合は、クリトリスと膣を一緒に刺激するのが理想です。

外性器と内性器の性感は密接につながっており、クリトリス性感は膣オーガズムに大きな影響を及ぼしています。外性器も内性器も性感帯はすべて脳の快感中枢につながっているのです。ですから、膣性感と脳の快感中枢とをつなぐ回路を開通させることが膣オーガズムへの第一歩なのです。

ここで注意しなければならないのは、指を膣の中に入れる前に、必ずクリトリスを口で愛撫することです。なぜなら、膣性感が開かれていない女性に、いきなり指で刺激を与えても、それはタンポンを入れている状態と変わらないからです。そのうえ膣をかき回されたりしたら快感など得られるはずはありません。

クリトリスを口で愛撫しながら膣を指で愛撫すると、唾液が優れた潤滑油の働きをしてくれるのもメリットです。愛液の量には個人差がありますから、クンニによる唾液がそれを補ってくれるのです。痛みを与える心配が少なく、女性が膣性感に目覚めやすくなるということです。

Gスポットは本当に感じるのか?

Gスポットを刺激すると潮を吹く——。

そのことは広く知られていますが、だからといって、アダルトビデオを真似て膣の中を乱暴にかき回していないでしょうか。

ちなみに医学界ではGスポットの有無に関して世界的な議論が巻き起こりましたが、いまでは男性にある前立腺と同じものではないかという説が有力です。

Gスポットに興味を持つことは大いにけっこうです。しかし、Gスポットばかり探していては本末転倒と言わざるをえないでしょう。

膣の中に存在する性感帯はGスポットばかりではありません。膣入口の浅い部分はとても敏感ですし、奥も感じやすい。

また子宮は女性のオーガズムにとても深く関わっています。医学的には膣粘膜に性感神経はないという説もありますが、現実のセックスは医学ではありません。セックスの快感はセックスをすることでしかもたらされないのですから、ベッドで医学の常識を当てにしても意味がないのです。

実際に膣内を愛撫すれば女性は様々な部分に快感を覚えることが分かるでしょう。膣の中の全体が性感帯であると思って愛撫したほうが間違いがありません。

膣内をまんべんなく愛撫して感じるところを探してあげることはGスポットを探して潮を吹かせるよりも、女性にとって何倍もうれしいことなのです。それに膣の快感が高まらないと、Gスポットは感じてこないので見つかるはずがありません。これは重要なポイントですから、しっかり膣中全体の愛撫を行なってください。

Gスポット性感の探し方

Gスポットは、中指を第二関節まで膣に入れ、指を尿道側に折り曲げたとき、指先の指紋部が触れるあたりに存在します。イメージとしては恥骨を挟んでクリトリスの裏側といった感じでしょう。男性は深く指を入れて探してしまいがちですが、意外に浅い部分にあるのです。

しかし、Gスポットははっきりした形を持つものではなく、指先で膣壁を探った感触だけで確認することはできません。愛撫しながら女性の反応を見ていくしかGスポットを見つける方法はないのです。

では、Gスポット周辺を愛撫する方法を述べましょう。

指の腹を上に向け、膣の入口に当てます。そして膣前壁に沿ってゆっくり進めると、すぐ2センチくらいのところで膣壁が柔らかくなります。その周辺がGスポットと呼ばれる部位です。

Gスポットを愛撫する方法は、指を折り曲げ、指の指紋部でGスポットがあるあたりの膣壁を手前に撫でるように行ないます。恥骨の裏側を柔らかく叩くという感じでもいいようです。指を前後に抜き差しするわけではありません。指は第二関節まで入れて固定し、指先だけを動かして指の指紋部で撫でてあげるのです。また、指を車のワイパーのように左右に撫でても感じやすくなります。

指で強く擦ったり、指をピストン運動させても女性の快感は高まりません。パワーより根気のほうが不可欠です。

Gスポットが膨らんできたら感じている証

Gスポットが感じてくると、指の指紋部と同じくらいの大きさのわずかな膨らみを感じることもあります。そうなるまでは相当の愛撫が必要です。時間にすれば、キスからスタートし、全身を愛撫して、クリトリスを口で愛撫しながらGスポットを愛撫したとしても最低30分はかかります。Gスポットが感じないのは愛撫が少ないことの証明でもあるのです。

また、Gスポットの膨らみが分からないのは、深い位置でGスポットを探していることのほかに、膣壁を強く圧迫しすぎていることが原因かもしれません。よほど慣れないとこの感触は分からないものです。

潮吹きの前兆

Gスポットが感じてくると潮吹きが起こる可能性があります。逆に言えば、Gスポットが感じてこないと潮吹きは起こらないということです。

潮を吹く前は膣前壁の全体が指にまとわりつくような感触に変わります。そのときGスポットの少し奥の膣壁を指で揺らすと、愛液の量が急に増えたようなグチュグチュという音がします。その場所を指で押し上げると潮を吹くのです。AVではよく「Gスポットを掻き出すように指を動かせ！」とあたかも力任せに刺激すれば潮を吹くかのように言われますが、それでは女性に痛みしか与えません。

しかも潮吹きは誰でも起こるというものではありません。Ｇスポットが感じても潮を吹くか吹かないかはまた別の問題です。

■中でイキたい願望を叶える

膣性感

Gスポット性感に目覚めるとGスポットオーガズムに達しやすくなります。Gスポットは膣の比較的浅い部分にあるとされていますが、その奥の部分を指で押し上げるとオーガズムに達することが多いようです。

だからといってGスポットばかりを刺激するのはナンセンスです。前述したように膣はその全体が性感帯で、膣側壁、膣後壁にも感じるところが存在します。例えば、膣の入口の2センチくらいの膣横壁に指で触れると、コリコリした筋肉のようなものを感じるはずです。そこを軽く圧迫しながら前後に愛撫すると女性は感じやすくなります。

また、膣の入口のすぐ下部やその先の部位を、Gスポットを刺激するときのように指の腹を下に向けて指先だけを動かして愛撫しても感じます。

他にも膣に指を深めに入れ、指の腹で膣壁の360度をぐるりと撫でてあげると女性は豊かな反応を見せてくれるはずです。

連続オーガズムのパターン

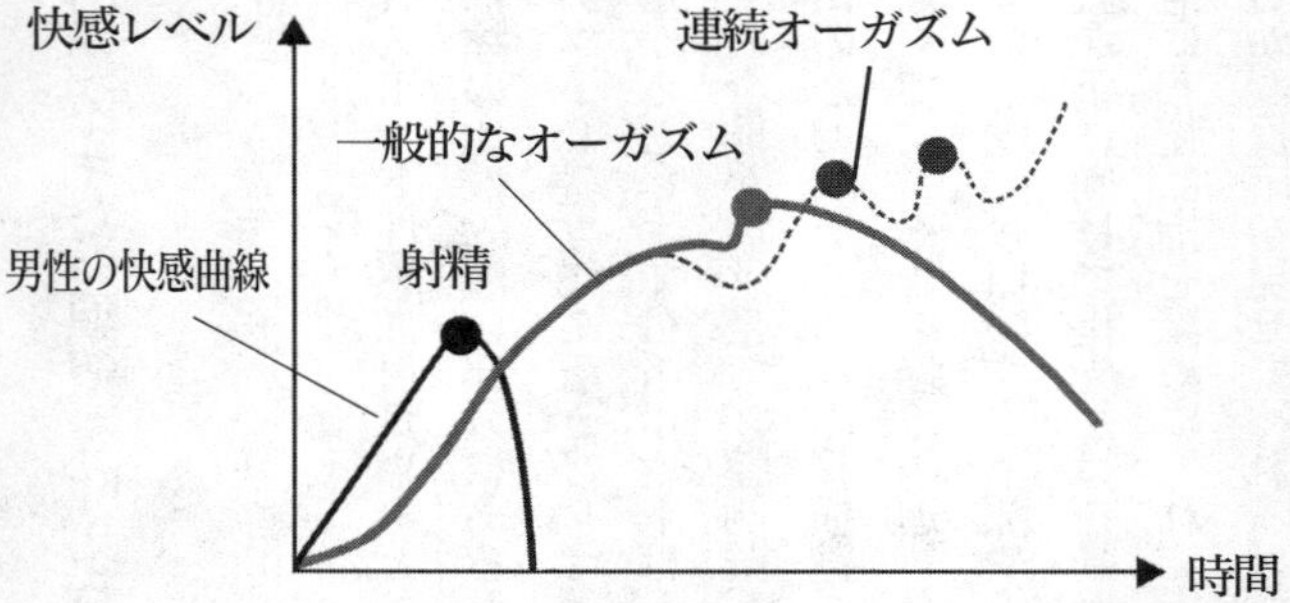

女性のオーガズムは、ゆっくり上がって時間をかけて鎮まるのが一般的。しかし女性がイッたあとも愛撫を続ければ、連続オーガズムを繰り返して、青天井のように快感レベルが高くなっていく

Gスポット性感は、膣性感の一部でしかないと考えて膣内を広く愛撫したほうが、Gスポットもより探しやすくなるのです。

クリトリス絶頂の反復

膣が感じやすくなるのは、膣の中を愛撫するから、と簡単に考えてはいけません。クリトリスの愛撫でも充分に可能です。男性の愛撫が上達すれば女性をクリトリスでイカせることはそう難しいことではないのです。愛撫で女性をイカせたら少し女性を休ませるフリをして、再びクリトリスでオーガズムに導くのです。

その方法はこうです。

女性はオーガズムの余韻に浸って体を横たえています。男性もそのそばに横になって寄り添い、体を休め、女性の腰骨のあたりにそっと手を置いて感じやすいところを指先でなぞってみてください。

女性は一度イクとどこを触っても感じやすくなります。体がヒクヒク反応して快感が戻ってくるのです。そのためクリトリスを軽く愛撫するだけでオーガズムの感覚が蘇り、労を費やすことなく再びイッてしまうのです。愛撫を止めなければ、続けて3、4回と昇りつめることも難しくありません。こうしてからインサートすれば膣でもずっとイキやすくなります。

男性の性欲リズムでセックスを行なえば早く入れたくなるばかりで、ゆったりした時間を過ごすことはできません。女性の快感リズムに合わせれば、男性自身の欲求を苦もなく楽しみながらコントロールできるのです。こうしたセックスの過ごし方を覚えると時間がいくらあっても、楽しみが尽きないのです。

ポルチオ絶頂の開発

膣の中をまんべんなく愛撫すると女性の快感が高まってきます。そうすると女性は膣の奥にも性感を覚えるようになるのです。経験の豊かな女性が、性交中に「もっと奥にほしい…」と呟くのはそういうときです。

このときどこが感じているのかというと、子宮とその周辺の膣壁です。ろくな愛撫もなしにピストン運動し、激しく奥を突くと女性が痛がるのは、強いピストン運動で亀頭と子宮が膣の中で激突しているのもひとつの理由ですが、膣奥がまだ充分に高まっていないからとも考えられます。逆に性感が存分に高まっていれば、膣奥に強い刺激を求める女性もいるわけです。

ペニスで膣奥の性感を刺激するときに中心となるのは子宮です。正しくは子宮の一部が膣に飛び出している部分で、子宮頸部、あるいは子宮膣部と呼ばれるところです。この子宮が性感を覚えることを別名〝ポルチオ性感〟が目覚めるという言い方をすることがあります。

女性のオーガズムにはクリトリスで得られるもの、膣で得られるもののふたつに大別できますが、膣で得られるオーガズムの中でもっとも深いエクスタシーを覚えるのが、ポルチオオーガズムといわれているのです。この性感が開発されることで、女性のオーガズムは飛躍的に深いものになるのです。

子宮の位置

ペニスで子宮を刺激してポルチオ性感を開発するには、子宮の位置を頭に入れておく必要があります。膣の内部が円筒状だと思っている男性は多いものです。ペニスを挿入するイメージがそうさせるのしょう。しかし、膣の中を指で広く愛撫するとそうではないことが理解できるはずです。

膣の内部は普段、上下につぶれて膣前壁と膣後壁が密着した状態になっていますが、指やペニスが侵入することにより、挿入物の形に従って伸縮するのです。膣の中で指やペニスを動かせるのも、膣の柔軟性と伸縮性のおかげです。そこから赤ちゃんが出てくるのですから、膣の伸縮性は女体の驚くべき神秘ともいえます。

女性の象徴ともいえる子宮は、この膣の奥にあります。膣前壁の奥に子宮頸部が顔を出しているのです。

男性は子宮が膣の奥にあるので指を真っ直ぐに奥に進めれば子宮に当たると思うかもしれませんが、それでは子宮に触れることができません。膣は入口から奥まで緩やかなS状のカーブを描いて下降しているからです。指で膣の奥を探っても子宮がなかなか見つからないのはそのためです。子宮の位置を知るには、その探し方のコツを身につける必要があるのです。

子宮の探し方

膣の入口から子宮頸部までの距離は9〜12センチと言われています。この距離ではいちばん長い中指でも届かないと思うかもしれません。しかし、前述したように膣に指を入れると膣が拡張して子宮が前に迫ってきます。それで指先で触れることができるようになるのです。

ただし、その前に、子宮に触わるコツを身につける必要があります。まず、膣の入口に指の腹を上に向けて入れ、膣の中ほどまで進めます。そこから指の腹で膣前壁↓膣側壁↓膣後壁と膣壁に沿って半円を描くように撫で下りていきます。つまり、最初に膣前壁に触れていた指腹は180度回転して膣後壁に触れたときには指腹が下を向いた状態

膣中を刺激してイカせる

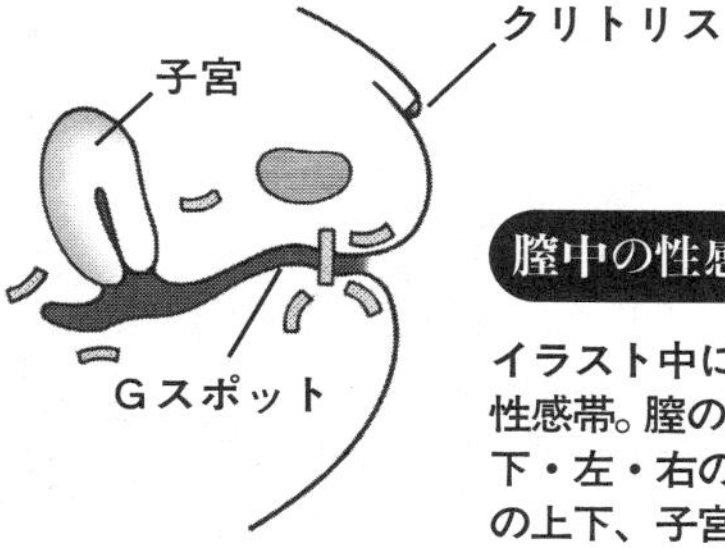

膣中の性感帯

イラスト中に印を入れたところが膣中の性感帯。膣の入口から2センチほどの上・下・左・右のほかGスポットの奥、膣奥の上下、子宮と性感帯は数多い

子宮を探す

子宮を探すトレーニングとして指を中ほどまで入れ、膣壁を180度、指の腹でぐるりと撫でまわす

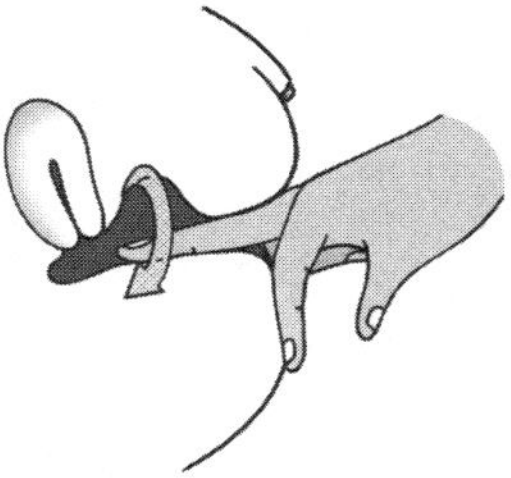

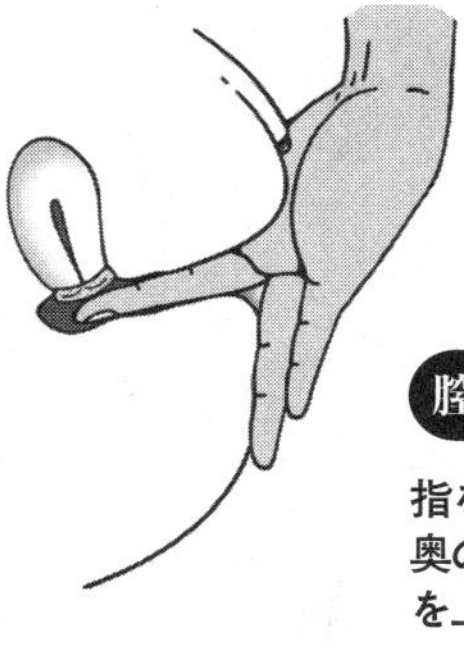

膣奥を刺激する

指を根元まで入れ、前項のやり方で膣奥の壁を180度ぐるりと撫でまわし、指を上に向けると子宮頸部に当たる

になっているはずです。膣の入口は狭いけれど膣の中は広く、膣壁が柔らかく柔軟性に富んでいることがお分かりになるでしょうか。いまの愛撫を膣の前壁から後壁まで逆の面にも行ないましょう。

このように指腹で膣壁をぐるりと愛撫する仕方を覚えたら、今度は指を根元まで入れて指先の指紋部で膣壁の奥側を広げるように同様の愛撫を行ないます。こうして指先の指紋部が膣後壁まで来たら、そこで手のひらを返して指を上向きにすると子宮頸部に触れるのです。子宮頸部に触るとコリコリした固さを感じ、それが半球面であることが分かります。その形状は、丁度ペニスが勃起したときの亀頭のような感じです。

子宮頸部の中央には子宮の内部へと続く小さな穴があります。まるでペニス亀頭部の尿道口のような感じです。ここから精子が子宮の内部に泳いで上り卵子が受精するのです。子宮頸部を触ったときの感触は膣壁のようにやわらかくないので形がはっきり分かります。

子宮頸部を触るときは、指の指紋部で優しく慎重に触れなければいけません。女性にとって子宮はとても大切なところですから、ツメなどで引っ掻いたりするのは言語道断です。

ポルチオ性感の確認

子宮を愛撫するには、女性の体勢を工夫したほうが指が届きやすくなります。

- **屈曲位**／女性を仰向けに寝かせ、両膝を折り曲げて乳房のほうへ持ち上げる
- **うつ伏せ**／女性をうつ伏せに寝かせ、ヒップを軽く突き出させる
- **横向き**／女性を横向きに寝かせ、体をくの字に折り曲げる

この3つが子宮を指で愛撫しやすくする体勢です。

女性のポルチオ性感を確かめるには、中指の指紋部で子宮頸部を優しく撫でまわしたり、軽く持ち上げたり、揺らしたりします。慣れた男性は2本の指を入れて中でVの字に開き、その間に子宮頸部を挟んで軽く揺らすような刺激を与えることもあるそうです。ポルチオ性感は子宮そのものが感じるというより、子宮が揺れることで性感が高まると言われているからです。

隊員の中には子宮頸部の裏側まで指を深く入れて刺激するスペシャリストがいますが、

経験を積んでいない男性が興味本位で行なうのは慎みましょう。乱暴な愛撫はもとより、あまり長く愛撫する意味はありません。ポルチオ性感はペニスで刺激するものです。ポルチオ・オーガズムは一朝一夕に起らないため、男性は半年、1年、2年という単位で性感を高めていく思いやりと根気が不可欠といえます。

子宮を引き寄せる

子宮や膣は他の内臓と同じように、靭帯と呼ばれる筋肉の腱のようなもので吊るされています。ですから、体勢や性感の高まりによって子宮の位置は微妙に移動するのです。そのため、膣内を丹念に刺激することで子宮を手前に引き寄せることも不可能ではありません。膣壁の360度をぐるりと愛撫したり、指を膣の奥まで入れて子宮頸部を持ち上げたり、あるいはGスポットがある膣前壁の奥を子宮を手繰り寄せるように愛撫したりすることによって子宮が前に出てきます。

これらの愛撫によって、ペニスをインサートしたときペニスの亀頭が子宮頸部に触れやすくなるのです。

■オーガズムを急がないセックス

快感リズムを一致させよ

『せい奉仕隊』のセックスでは、相談者を無理にイカせるようなセックスはしません。また、オーガズムを早く経験してみたいと願う女性にも、焦らないように伝えています。オーガズムを優先させることにより、セックスそのものの悦びが、損われてしまうことがあるからです。

女性の性感開発にはそれぞれ段階があります。隊員は女性の開発レベルに合わせた愛撫もしますし、決して無理のないステップアップを心掛けているのです。にもかかわらず、月に1、2度会うくらいで処女の女性が半年でオーガズムを覚えてしまう。セックスの回数にすれば10回そこそこです。

普通のカップルがそんなにうまく行くでしょうか？

女性をイカせようと思うなら、イカせようとしないことです。これは矛盾することではありません。イカないものを無理にイカせようとしても、女性は自分が感じにくい体だからイケない、彼が頑張っているのに申しわけない、と傷つくだけなのです。

焦らない、急がない、そしてゆったりとした気持ちでお互いの心と体のリズムを一致させることが女性をセックスに目覚めさせる近道です。

快感を高めるリズムは、女性をじっくり抱きしめることで一致してきます。相手の呼吸を感じ、男性がそのリズムに合わせることで、全身的なリズムが一致してくるのです。相手の呼吸を常に感じながら、キス、愛撫、性交を続けるのです。そしてお互いの時間が許す限り、ゆったりとセックスを楽しむのです。

こうしてお互いのリズムが一致するようになったとき、オーガズムは向こうのほうから、やって来るものなのです。

イケない女性、その理由と対策

マスターベーションでオーガズムの経験があるのに、セックスでは男性にクリトリスを愛撫されてもイクことができない。そういうケースは珍しくありません。この理由は次のふたつが考えられます。

①快感リズムの違い

女性はマスターベーションで達し方を覚えたので、男性の愛撫のリズムと自分がマスターベーションで達するリズムが一致しなかった

②女性が無意識にオーガズムを止めている

オーガズムに達しそうになると恐怖感や不安に襲われ、自分でオーガズムを抑制してしまう。または醒めてしまう

①は長年のマスターベーションの習慣が自分の快感リズムを決定づけてしまい、そのリズムでなければイケなくなっていることが考えられます。

このケースは男性のフィンガーテクニックがいかに優れていてもどうすることもできません。男性が女性の快感リズムに合わせてあげることで、二人の快感リズムが徐々に一致するのを待たなくてはなりません。

男性が女性にリズムを合わせるといってもそう簡単なものではありません。それでも男性が合わせようとすることで、女性のほうにも合わせようとする意識が目覚めて一致してくるのです。

②は未知の性感に対する恐怖です。オーガズムを知らない女性は、気持ちいいと感じられるレベルの快感なら受け入れられても、オーガズムという未知のレベルの快感についていけず、一歩手前で自分で止めてしまうのです。

このケースでは女性に暗示を与えてあげるのが解決法です。「自分が感じることだけに集中してかまわないんだよ。気持ち良かったら声に出して僕に教えて」と女性に声を出させるようにします。女性が快感を口に出すことで、自分の言葉に引っ張られるようにオーガズムに昇りつめていくわけです。

女性がイキそうになると男性にしがみついてくることがありますが、あの状況もオーガズムの不安に対するものです。そのため、イキそうになった女性をきつく抱きしめたり、強く手を握ってあげたりすると不安が和らいでオーガズムに身を委ねることができるのです。また抱きしめたり、手を握るという行為は、お互いのリズムを一致させる作用もあるので、一石二鳥の効果が得られるのです。

第九章
セックス奉仕隊の体位術

■快感を高める体位

挿入シグナルをキャッチしろ

女性がペニスを入れてほしいとき、男性にさり気なくサインを送っているものです。愛撫の最中に、女性がペニスに触れてきたときや腰をうごめかせているときなどです。しかし、自分の欲求を口にも行動にも出せない女性がいます。そんなとき、女性の唇を指でなぞってみましょう。その指を女性がさりげなく口に含んだとしたら、インサートを充分に意識しているはずです。

フェラチオができない女性でも指なら口に含むことができるでしょう。シックスナインのあとに女性を抱きしめて、キスを交わしてみてください。そのキスはベッドインするときに交したキスとまったく違う濃密さに変化しているはずです。あるいは、性交中のキスや、性交中に女性の口に指を含ませても、女性がとても興奮していることが分かります。女性の口は女性の興奮の度合いを知る良きバロメーターといえるかもしれません。

セックスをパターン化しない

結合してすぐにピストン運動をはじめるようなセックスを、私はセックスとは言いません。それはセックスとして非常に稚拙です。むろんピストン運動は劇的な快感を与える手法ですが、いきなり腰を振るなど、女性の快感リズムをまったく無視しています。それでも女性が感じているとしたら、それはたまたま快感リズムが一致したか、女性が合わせてくれたかのどちらかでしょう。

まずは結合した悦びを二人でじっくりと確かめ合いましょう。このとき男性は、ペニスを膨張させるなどして、膣内にペニスが入っていることを女性に認識させるのです。

また、体位をパターン化しないのもパートナーとの新鮮な関係を保つ秘訣です。挿入体位も発射体位も正常位では、セックスそのものが童貞と処女のまま何も進歩していません。しかし、『せい』相談所を訪れる相談者には、バックや女性上位さえ経験したことがないというケースがとても多いのです。

もうひとつ、男性には非常に酷ですが、必ずしも射精で終わるセックスをする必要はないのです。男性は射精しないと気が済まないところがありますが、射精しなければ翌日もセックスしたくなるものです。ときには裸で抱き合って眠るだけでもいいのではないでしょうか。

・ゆったりとした、リズムが合ったセックス

・セックスそのものをパターン化しない

このふたつが豊かな性生活を育むキーワードです。

挿入と体位術の極意

『せい奉仕隊』は愛撫に充分な時間をかけていますから、相談者の女性は隊員と早く性器でつながりたくて仕方がないほどに快感が高まっているはずです。だからといって隊員はペニスでいきなり膣奥を突くようなインサートの仕方はいたしません。ペニスを中ほどまでゆっくり進めたあと、抱き合ったまま腰を動かさずに静止していることさえあるのです。

たとえ女性の結合欲求が高まっても、そこで男性が欲望の赴くままに自分のリズムに切り変えて射精を急いでしまったら、時間をかけて築き上げてきた女性の快感上昇のリズムが一瞬で壊れてしまい、いわゆる〝男性に体を貸しているだけ〟の心理状態に戻ってしまうのです。

体位の選び方にしても同様です。隊員は好き勝手に体位を選んでいるわけではありません。浅い挿入体位から様々に深い挿入体位へと移行して行きますが、ひとつひとつの体位で女性が感じているか痛くないかを女性自身に耳打ちするなどして確かめながら、女性の快感がより深まる体位へと進んでいくのです。

また、もうひとつ女性のオーガズムに対して大きな誤解があります。それは女性がオーガズムに昇りつめるときの体位が、決して深い挿入状態ばかりではないということです。むろん深い結合状態は女性を大いに感じさせますが、膣奥を突けばイクという考えは男性側の思い込みでしかないことをくれぐれも頭に入れていただきたいのです。

イケない女性がイク体位

どんな体位でセックスしようが、それは自由です。しかし体位は、男性自身が選んでいるということを知ってほしいのです。つまり、女性が本当に感じる体位は無視されているということです。

女性たちが〝オーガズムを感じることができない〟理由には、男性本意の体位の選択も関わっているのです。四十八手は知っていても、女性がどんな体位が感じやすいのかを知らなければ宝の持ち腐れなのです。

まず経験の浅い女性でもオーガズムに達しやすい体位を紹介しましょう。

①後背伸張位

女性をうつ伏せに寝かせて脚を自然に伸ばし、股を閉じる。男性は女性の太ももを跨いで結合する（女性が股を開いた場合は、男性が女性の股の間に入る）

②対面伸張位

女性を仰向けに寝かせて脚を自然に伸ばし、股を閉じる。男性は女性の太ももを跨いで結合する

右記にあげた体位を個別に解説しましょう。

後背伸張位は女性がうつ伏せで両脚を自然に伸ばすため、リラックスできる姿勢です。男性は自分の体勢しだいで女性に密着したり、上体を起こして馬乗りになったりして女性が感じやすい状態を探すことができます。また女性の股を開き、その間に男性が両脚

性感に集中できるリラックス体位

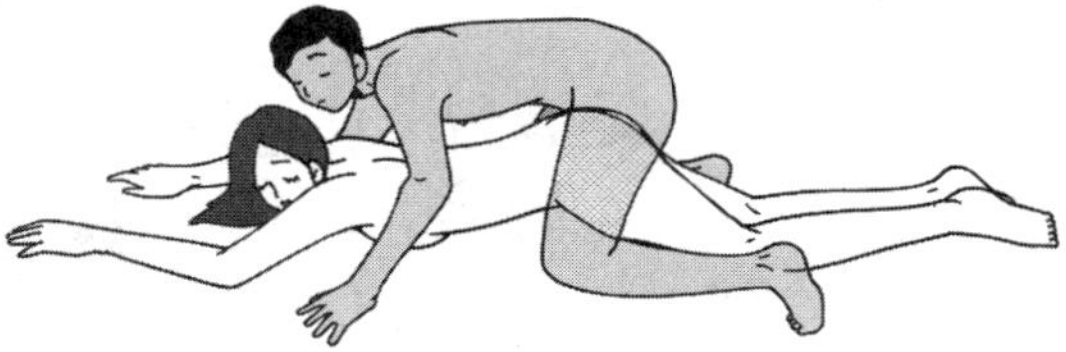

後背伸張位

ヒップや太ももが肉厚な女性の場合は、インサートを深めるために股を少し開いたほうがいいときもある

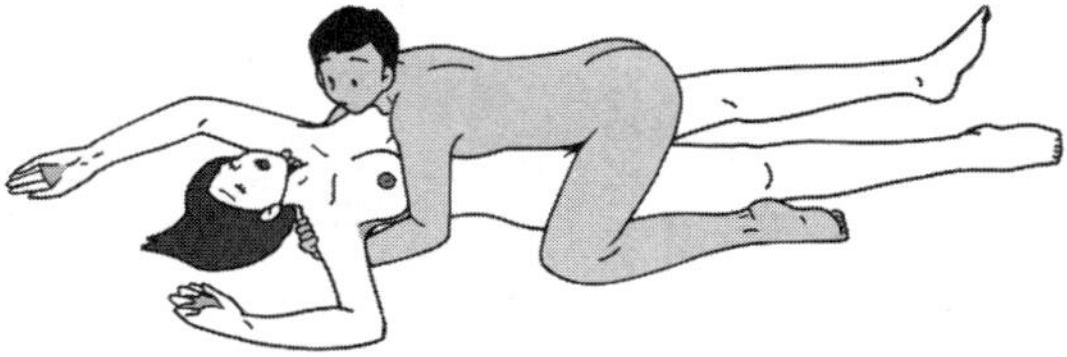

対面伸張位

ペニスの背側がクリトリスに当るよう意識して腰を使う。深く挿入できない場合は股を開く体位に変えてみよう

を揃えて挿入してもいいのです。

女性が振り向けばキスもでき、両手で体を愛撫することもできます。お互いに楽な体勢なので、女性が感じるところをじっくりと時間をかけて刺激してあげることができるのです。

腰使いはペニスを根元まで深く挿入したまま亀頭で子宮を探し、それを揺らしたり弾いたりするように動きましょう。女性のヒップは弾力がありますから、抜き差しの動きはせいぜい1センチもあれば充分です。

一方、対面伸張位は後背伸張位の体勢から女性を仰向けにした体位です。こちらのやり方もキスしたり、両手を使って愛撫しながら女性が感じるところを長い時間をかけて刺激してあげられるのです。

腰使いは後背のときと同じですが、ペニスを根元まで入れたまま亀頭で子宮を捜し、それを擦るように動くのが女性をオーガズムに導く秘訣です。

乱暴に腰を動かさなくても、女性が感じるように接しているだけで充分、感じるのです。またピストン運動を多用すると男性が早く射精してしまうので、コントロールするにもうってつけです。

このふたつの体位がオーガズムに達しやすいというのは、これまで述べてきた愛撫や快感リズムを実践してきたからなのです。あなたがパートナーにセックスの悦びを感じてほしいと思わなければ、いくら体位の変化をつけても意味がありません。

女性がもっと強い刺激を望むのであれば、うつ伏せから四つん這いのバックに変えたり、仰向けの伸張位から屈曲位に変えたりすればいいのです。女性を感じさせるというのは、女性の変化に柔軟に対応できることでもあるのです。

ベッドのスプリングを活用する

女性が膣オーガズムを獲得するには、かなりの経験を必要とします。また、オーガズムを得られる女性でも、オーガズムに達するまでには一定の所要時間を要します。それまで射精をコントロールできる男性は別ですが、多くは女性が満足する前に発射してしまうでしょう。

そこである隊員が教えてくれた秘密のテクニックを教えましょう。

性交中の動きにベッドのスプリングを活用すると、疲れにくいうえに、射精を抑制できます。男性がベッドの反動を利用してリズミカルに震動すると、ペニスにそれほどの摩擦を受けずに、性交運動を長く続けられるのです。

その弾力を活かして女性の子宮をペニスの先で弾くように刺激して、オーガズムに導くのです。

実際にやってみると分かりますが、腰を動かしているというより、ベッドの揺れに男女の動きを合わせて女性を刺激できるので、長く続けてもまったく疲れを感じません。

コツは男女が揺れるリズムに時間差をつけることです。

むやみに腰を振らなくとも、有効な刺激を長時間にわたって続ければ、女性はオーガズムを得られるのです。

体位の変化を楽しむ

体位を変えると女性の新たな一面が見えて興味深いものです。正常位では女性の反応がいまひとつだったのに、横向きにしてみるとせつない声を上げて快感に没頭したり、バックにしたらとても声を荒げて興奮しはじめたり、女性の知られざる一面を見たような思いがして男性の興奮を高ぶらせてくれるものです。

また、男性上位では普通、女性は瞼を閉じて快感に没頭してしまうものですが、女性を上にすると自然と目を開けざるを得ないので、自ずと見つめ合うことになるでしょう。これまでセックスの最中に目を開けることなど考えもしなかった女性が、女性上位の経験をきっかけにセックスに積極的になっていく例は決して少なくないものです。

それだけではありません。体位を変えることで膣とペニスの交わる角度が変わりますから、膣の中がこねられて女性の快感は豊かになります。また男性も、これまで刺激を受けたことがない部分にペニスが当たって新たな快感を覚えるでしょう。

このように体位を変えることは、女性が新たな快感を手に入れるきっかけになると同時に、男性にも新たな発見と興奮をもたらし、新鮮味というスパイスを与えてくれるのです。

ときにはベッドの上ばかりでなく、床に立って交わったり、二人のエロティックな姿を鏡に映して興奮を高ぶらせてもいいのです。

体位変換は体位を変えるたびに、あるいはセックスをするごとに、お互いの悦びに新たな刺激と興奮を見出すきっかけになるものです。ノルマをこなす作業のような感性で行なっていては、どんなに体位を変えても成果を望むことはできないでしょう。

■絶頂に導く体位変換

スムーズな体位変換が理想

体位の変換はペニスを抜かないで行なうほうが、お互いの気持ちを途切れさせないものです。とはいえ神経質に考える必要はありません。ペニスが抜けてもすぐ膣に戻せばいいだけなのです。

ペニスを抜かない体位変換を行なえば、膣の中でペニスの挿入角が急激に変わったことを女性が認識できるわけですから、ピストン運動とはひと味違う快感を覚えることにつながります。

ここでは体位変換に慣れていない男女でも比較的スムーズに行なえて、なおかつ女性の快感に少しずつ高揚感をもたらすやり方を紹介しましょう。

射精コントロールをしながら、ひとつひとつの体位をパートナーとじっくり楽しんでほしいものです。

①正常位

最初はやりやすい体勢でつながりましょう。そして肌を合わせて濃厚にキスを交しながら、女性の体を抱きしめましょう。先述したように、ここで焦って腰を動かしてはいけません。ペニスを動かさずに結合していると、女性は性器でつながり合っている悦びを全身で感じられるものです。ペニスと膣が馴染んで性器にも満ち足りた感覚が生じてくるのです。

このあとからペニスを動かせば女性は膣に豊かな快感を覚えます。これまでの愛撫で快感の高揚がしている女性はじっとしていられずに、自分のほうから動きはじめることもあるほどです。

最初からピストン運動すると、穏やかで満ち足りた一体感を感じられないまま、女性は単にペニスの動きを受け入れるだけの感覚に集中してしまうのです。セックスの悦びを知らない女性なら、ただ漫然とピストン運動を受け入れるだけになってしまいます。いわゆる〝マグロ状態〟とは、ペニスの快感ばかりに気を取られがちな男性が作り出しているといえるのです。

←

無理なくできる〝抜かない〟体位変換

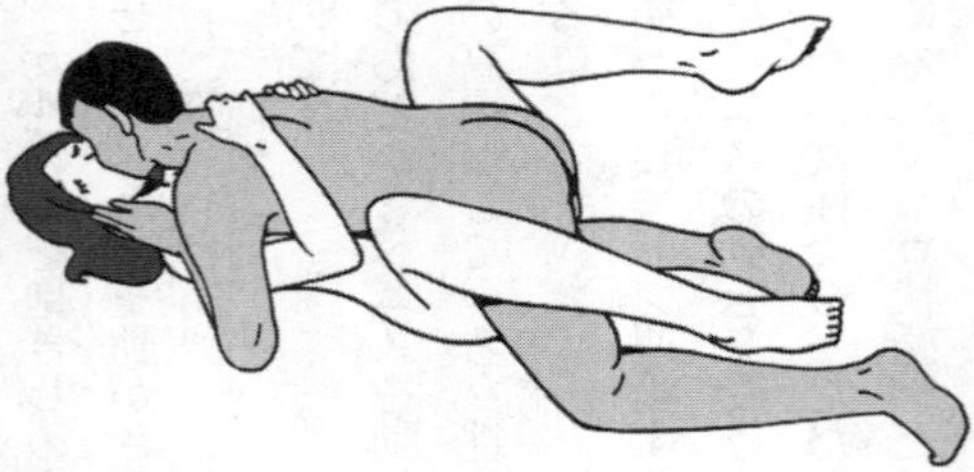

①正常位

男性が両肘を着き、女性にふわりと密着する感じが理想的。重みを掛けると女性が苦しいこともある

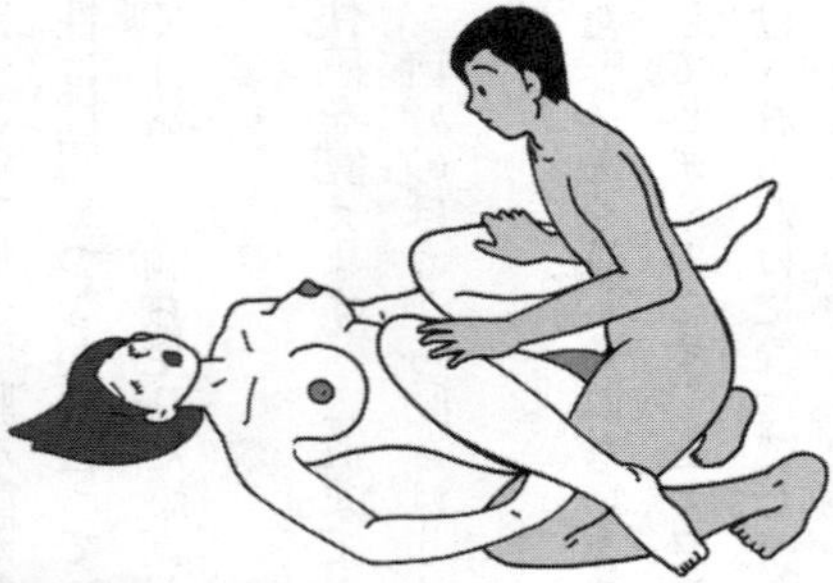

②屈曲位

女性の腰が折れ曲がり、膣が上を向くので結合が深くなり、また、男性の上体の角度を変えて膣内を広く刺激できる

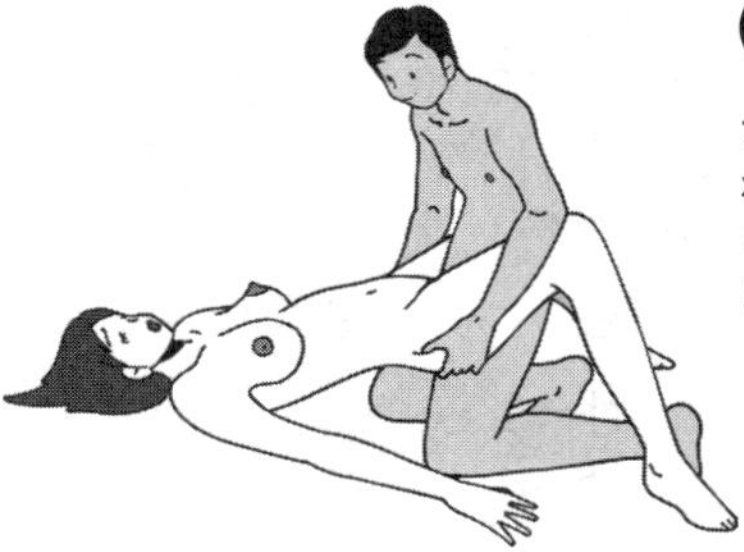

③腰高位

女性の体が反り、結合角度が変わるので、女性に新鮮な快感を与えられる。感じた女性が自ら腰を使えるメリットがある

④座位

男性が上体を猫背にし、骨盤を寝かせるとより深い挿入が可能になる。女性のヒップを持って揺らしてあげながら膣奥を刺激しよう

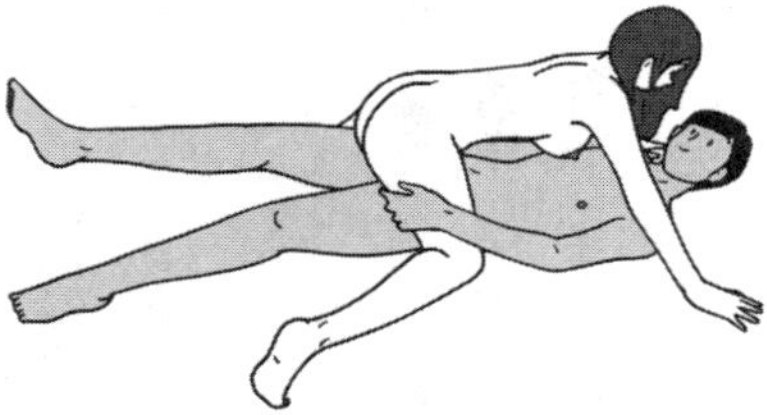

⑤女性上位

女性上位では最初、密着してキスを交しながら男性が腰を使う。徐々に女性の上体を起こして騎乗位に変換していこう

②屈曲位

正常位で結合したまま、女性の両脚を持ち上げ、膝を折り曲げて男性の体の前に持っていけば屈曲位になります。女性の体は腰から折れ曲がった体勢になるため結合は深まります。

この体位は正常位よりペニスが膣の奥まで達するのが特徴です。つまり、正常位である程度、膣感覚を慣らしてからこの体位に移行することで、女性は徐々に深い結合感に慣れていくのです。こうしたほうが経験の浅い女性の快感は上がりやすいですし、また快感を知っている女性なら車のギアをセカンドに入れた状態になるはずです。男性は同時に乳房や脇腹などを愛撫してあげてもいいでしょう。

←

③腰高位

両手で女性の腰を持ち上げてヒップを床から浮かせます。女性は軽いブリッジ状態になるので気分がアクティブになり、ペニスと膣の交わり具合も先ほどの屈曲位から、かなり変化します。男性は自分も動きながら、その調子に合わせて女性の腰を揺すってあげましょう。激しく揺らす必要はありません。ベッドのスプリングを使ったくらいの刺激が効果的です。
正常位からスタートし、屈曲位→腰高位と3つの体位を経験することで女性は膣の中が広く刺激され、膣性感が高まると同時に、体の動きも馴染んできます。快感を覚えた女性が腰を押しつけてくることも珍しくありません。

←

④座位

ここまでは男性上位の流れでしたが、今度は女性の背中に腕を回して抱き起こしましょう。男性は膝を楽にしてあぐらをかくと姿勢が安定します。座位は女性の体重がしっかり乗りますから、充分に深い結合状態となります。ひとつ前の腰高位ではキスや抱擁ができない体勢でしたが、ここで抱き合って互いの肌の温もりを確かめ合うのもいいものです。

しばらくして、男性は女性の太ももの下から両腕を回し、その手で女性のヒップを支えます。そして男性は自分の腰を小さく揺らして調子を取りながら、女性の腰もローリングさせるように動かしてあげるのです。深い結合状態ですからペニスの先が子宮に擦れて女性が深いオーガズムを覚える体位ですが、ペニスの当たり具合によって女性が苦痛を感じることもあるので、女性の耳元で囁いて苦痛の有無を確かめるのも大切なことなのです。

←

⑤女性上位

座位から男性が上体を後方に倒していくだけで女性上位の体勢になります。女性上位に関しては別項で改めて詳しく述べますが、男性は女性が腰を自在に使えるものと期待してしまいます。しかし「どうしていいのか分からない」というのが大方の女性の本音。最初は男性がサポートしてあげるのが思いやりでしょう。

ペニスでGスポットを擦る

体位について、ひと通り説明しましたが、今度はペニスと腰の使い方について考えましょう。

男性が欲求の赴くままにピストン運動を行なうことは、言葉を変えれば〝オレは勝手に気持ち良くなるから、お前も勝手に気持ち良くなれ〟と言っているのも同然です。そんな男性に限って、〝お前が感じないのは感度が鈍いからだ〟などと女性のせいにする

挿入時の膣中刺激法

G スポット刺激

ペニスの亀頭部でGスポットを刺激し、快感が高まったときにGスポットの奥を押し上げるように突くとオーガズムに達しやすい

子宮を突く!

亀頭で子宮を揺らすように刺激。深く挿入したペニスの根元でクリトリスを愛撫する意識を持って腰を使うのがコツ

ものです。

セックスの腰使いは、入り口付近を刺激したり、あるいは膣奥を刺激したりというように、効果を見極めながら、責める部位によって変えなければなりません。

ここではペニスでGスポットを刺激するやり方を紹介しましょう。

男性には膣に対してペニスを真っ直ぐに、できるだけ深く入れる習慣があります。それによって男性自身が快感を得られるからです。

しかし、Gスポットは指を使った愛撫の項でも説明したように、膣前壁の比較的浅いところにあるのです。そのため、真っ直ぐなストロークの動きではGスポット性感は高まらないのです。

Gスポット性感を刺激するやり方は、ペニスを膣の中でGスポットに向けて斜めにコントロールするのです。しかも、亀頭でGスポットを擦るためには挿入をかなり浅くする必要があります。ここでのストロークの幅は2センチくらいで充分なのです。

体位はあまり関係がありません。向かい合う体位でも、背後からつながる体位でも、女性を横向きにする体位でも、指の愛撫で覚えたGスポットの位置をイメージして腰を使うだけで可能なのです。Gスポットを擦る亀頭の面が、上、下、横と変わるだけのことなのです。

また、女性はGスポットより浅い膣の入口の部分も性感が豊かです。その一方で、Gスポットの奥もしだいに性感が豊かになっていく部分です。Gスポットを刺激しているうちに女性の快感が高まっていくようなら、ペニスの角度を変えずにそのまま奥へ進めるとオーガズムに達することも珍しくありません。

このようにGスポットを中心に、女性が感じるところを見つけ出していくことが男性側の醍醐味といえるでしょう。膣の中を上下左右、浅深を問わず、まんべんなく刺激してこそGスポットが感じるようになるのです。またその探究心こそが、セックスの上達へと結びつく秘訣なのです。

女性がイッてくれないからといって、自分のやり方が下手だからとコンプレックスを抱く必要はありません。いつか女性にオーガズムが訪れるのを楽しみに、セックスそのものを楽しめるようになることが何より大切なことなのです。

ペニスで子宮を揺らし、弾くように刺激

子宮をペニスで刺激するやり方もまた、Gスポットをペニスで刺激するやり方と考え方は同じです。

指の愛撫で子宮を見つけたとき子宮の位置を意識したと思います。ペニスの角度を子宮の方向に向ければいいのです。子宮は膣の奥にあるので、ペニスを深く入れることができる体位で挑戦してみてください。

経験を積めば子宮はある程度の固さがあるので、子宮に触れた感触が亀頭にも伝わるようになるはずです。

腰使いはペニスを膣奥まで入れたまま腰を上下左右にスライドさせ、亀頭で膣奥を探るように動かします。抜き差しはほとんど必要なく、ペニスの根元で膣の入口を外側に圧迫するような感じで腰を使えばいいのです。

この腰使いを続ければ、男女の性器が深く密着したままなので、クリトリスも同時に圧迫刺激を受けて女性の快感は大いに高まります。膣奥の子宮を刺激しながらも、ペニスの根元でクリトリスを感じさせる意識を持ちながら腰を使って下さい。

膣の中は亀頭で子宮頸部を〝擦る&弾く〟という感じで刺激するわけですが、実際の動きは女性の腰ごと揺り動かして、〝子宮を揺さぶる〟という感じです。そのため、体位によっては両手で女性の腰を持って揺さぶりながら、子宮を刺激することもあるわけです。前述したベッドのスプリングを活用する腰使いは、子宮を揺さぶるのにも最適といえるでしょう。

体位は深く挿入できるものが相応しいように思われますが、性感が高揚すると〝子宮が迎えにくる〟と言われるように前に出てくるので、ペニスの長さを案ずるより、女性の反応を気遣うことのほうに心を配ってほしいものです。

密着感を大切に…

女性の快感は全身的なものですから、膣に快感があってもパートナーの温もりがほしいものです。ですから、性交中は腰使いのみに気を取られることなく、肌を合わせてキスを交したり、体を愛撫し続けてほしいのです。指で乳首やクリトリスを刺激してあげるのも大変に女性を興奮させるものです。体位にもよりますが、髪の毛から足先まで愛撫してあげましょう。

セックスには感情の高揚も必要です。女性の耳元で「感じている姿が素敵だよ」「とてもエロティックだ」「好きだ」「愛してる」と呟くだけで女性は快感を高ぶらせることができるのです。

また、自分が感じていることも「全身がトロけそうだ」「ずっとこうしていたい」と、女性に伝えるべきです。

女性は、その言葉から、男性が自分の体で悦んでくれていることを知って安心するのです。女性も男性に悦んでもらいたいのです。

第十章

ゆったリズムで女性を蕩けさす

■オーガズムという山はゆっくり登るほうが楽しい

オーガズムに達する瞬間

女性が深いオーガズムに達したとき、膣が風船のように膨らむことをご存知でしょうか？　バルーン現象と呼ばれるオーガズムの生理現象です。このとき、膣の入口は締まったままですが、膣の奥が膨らむためペニスに膣壁の感触を感じなくなると表現する男性もいます。

女性がはじめてのオーガズムを迎えるときは、絶頂が近づくにつれて未知への不安が大きくなり、男性にもの凄い力でしがみついたりするものです。無意識にそうせずにはいられない状態に陥るのです。あなたが女性にとって、なくてはならない存在になったということです。

こんな素敵な状況の当事者になれることを、あなたは素晴らしいと感じませんか？

つながったまま、まったりムードを楽しむ

隊員と相談者Kさん（38歳・主婦・相談内容／セックスレス歴8年）とのある日のセックスタイムテーブルを公開しましょう。

［愛撫］30分〜1時間
［正常位］10分／オーガズム1回→［うつ伏せ後背位］10分／オーガズム2回→［横向き後背位］約1時間／オーガズム2回

Kさんがセックスレスで『せい』を訪れたとき、オーガズムの経験はありませんでした。しかし、隊員と月におよそ2回、1年ほどお付き合いする間に女性と

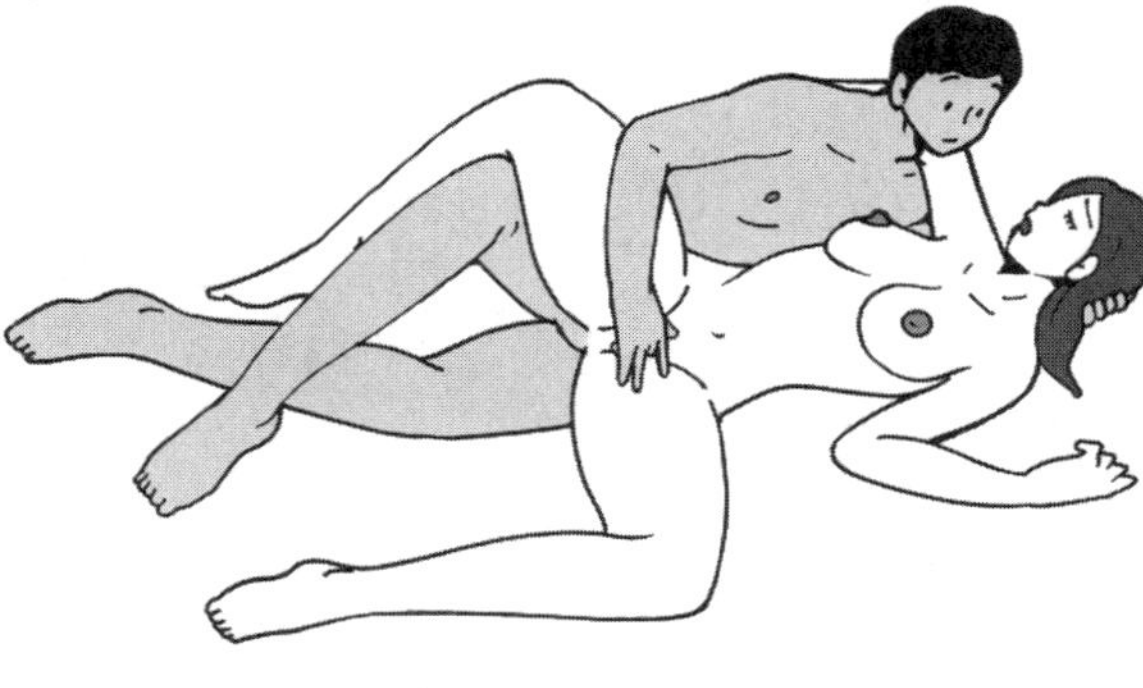

ゆったリズムに最適の体位

横向き後背位はロングセックスに欠かせないリラックス体位。ソフト愛撫でクリトリスのほか全身を愛撫しよう

して充分すぎるほど輝きを取り戻したそうです。

さて、先のタイムテーブルですが、オーガズムの回数そのものは、奉仕隊により悦びを覚えた女性としては驚異的な数字ではありません。

男性に注目してほしいのは、最後に交わった横向き後背位での長さです。この体位では横向きのままリラックスでき、指でバストやクリトリスも愛撫できます。つまり、セックスの後半を彼は相談者と離れることなく、お互いの時間が許す限り楽しんでいたのです。

普通なら、女性をこれだけイカせたのだからもういいだろうと、さっさと引き上げてしまうのではないでしょうか?

射精しないと気がすまない男性には分からないでしょうが、射精やオーガズムから解放された男女は、激しいエクスタシーと穏やかな休息を繰り返しながら、心から癒されていつまでもつながっていられるのです。この時間こそ至福のひとときといえるのではないでしょうか。

女性上位を知った女性は悦びが倍増する！

セックスの快感に目覚めていても、女性上位にすると自分で動けない女性というのは決して珍しくありません。その理由は、経験が少ないということもありますが、女性上位を男性に奉仕する体位と思い込んでいるからです。ですから、どうやって男性を気持ち良くさせたらいいのか戸惑ってしまうのです。女性上位に苦手意識が生まれるのはこのためです。

アダルトビデオでは女性が乳房を見せないと絵にならないので、皆、騎乗位でセックスします。しかし、女性上位とは、本来、ビデオのように女性が上体を起こして馬乗りになる体位だけを指す言葉ではありません。座位で抱き合ってキスができる体勢や、男性の上に乗って抱き合いキスをする体勢でも、とにかく女性が上になっている体位であれば、すべて女性上位なのです。

騎乗位はそんな女性上位の中でも、女性がひとりで動くことがもっとも難しい体勢なのです。ですから、女性上位は座位や抱き合う女性上位からはじめるのが、女性に抵抗のない優しいやり方です。そして男性が両手で女性の腰を揺り動かしてあげたり、男性が下からゆるやかに腰を使って女性をサポートしてあげることで、女性は少しずつ女性上位の快感を覚えていくのです。

また、女性上位で快感を覚えると、女性はセックスの最中に自分から男性に抱きついてキスをすることや、男性を見ながらセックスすることに悦びを覚えるようになるのです。こうして女性自身が女性上位に快感を覚え、抵抗がなくなって、はじめて自分から動けるようになるのです。

さらに、女性上位は女性自身が自分で快感を探せるのが特徴です。そのためオーガズムにも達しやすいといえるのです。女性上位を女性のために大切にしてあげることで、セックスの悦びをさらに向上してくれることでしょう。

体力・精力が衰えてもセックスは衰えない！

セックスを覚えたての頃、あなたはどんなセックスをしていましたか？

クリトリスも見つけられず、乳房を力任せに揉みしだき、ピストン運動などする前に果ててしまった…、そんな経験があってもおかしくはありません。若くて女性経験が少なければ、それは当たり前のことなので恥じる必要はありません。セックスは経験によって磨かれていくものなのです。

また、熟年の男性は、年齢とともに体力・精力は衰えますが、セックスそのものは衰えないとお伝えしておきましょう。なぜなら、人生経験で育んだ知恵や心の豊かさが、体の衰えを補って余りあるからです。苦労して培ってきた熟年パワーをセックスでも役に立ててみてはいかがでしょう。

射精コントロールのやり方

射精は男性のオーガズムです。生物学的にはそうなっていますが、果たして射精は、それほど気持ちがいいことなのでしょうか?

隊員は相談者に射精を求められることのほうが辛いと言います。体が持たない、疲れるということもありますが、彼らが射精しないのは、セックスそのものが終わってしまうからです。彼らにとって射精より、セックスそのものの悦びのほうが、はるかに大きいのです。

このことが彼らに射精をコントロールさせているのです。

ペニスに強い刺激を与えないように体位や腰使いを工夫してはいます。それでも射精しそうになると、ペニスを抜いて女性を愛撫しながら、ペニスが落ち着くのを待つという努力もします。

しかしながら、これらは射精をコントロールする具体策にすぎません。コントロールの秘訣は、女性を感じさせるために、女性の呼吸と快感リズムを一致させ、ゆったりとした気持ちでセックスを楽しむことにあります。このセックスのリズムが、男性を自然と射精コントロールできる体に変えていくのです。

女性がセックスの悦びに目覚めていくように、男性も性の悦びに目覚めるのです。射精コントロールに失敗しても、めげる必要はまったくありません。女性を感じさせるセックスをしていれば、必ず射精をコントロールできるようになるのです。

人は楽しさや悦びに没頭すると、自然に体のリズムがその状態に合うように変わってくるものです。射精は男性のリズムです。女性と快感リズムを合わせることでセックスにおいて男性の生理的欲求としての射精が意味を持たなくなってしまうのです。

■創意工夫で脱マンネリをはかれ

じらしテクでオーガズムを増幅

一回のセックスに平均して5時間をかける隊員がいます。そんなに長い時間をどのように使うのでしょうか？

女性がイキそうになってもわざとイカせない〝じらしテクニック〟を試してみてはどうでしょう。

指で愛撫しているときに女性がイキそうになったら指の動きを止め、性交中に女性がイキそうになるとペニスの動きを止めるのです。

女性はこのように繰り返しじらされると、耐え難いほどせつなさが募るものです。そして女性のイキたいという欲求が限界まで膨らんだときにオーガズムに導くと、そのオーガズムの爆発力はより大きなものになるのです。

オーガズムを深くする方法は他にもあります。前述したように、女性は1回のセックスの中で1度イクと2度目に達するのは早くなるものです。3度、4度と回を重ねるたびにイキやすくなるのです。そのことと比例するようにオーガズムのレベルも深くなっていくのです。

ひと口にオーガズムといっても1回イクのと10回、20回とイクのとではオーガズムの深さが違ってきます。女性は1回イクたびにオーガズムの深さが増していくのです。

オーガズムが多いセックスが豊かなセックスとは思いませんが、こうした知識もあったほうが、女性のセックスに対する理解やセックスの味わいが、深められるのではないでしょうか。

新鮮な刺激が得られるのであればバイブだって使う

アダルトグッズは以前、男性の妄想を刺激するものでした。

「こんな太いモノを入れたら女性はどうなるんだろう」「女性がバイブでイクところを見てみたい」

そんな理由からセックスの小道具として使われていたバイブですが、昨今は女性向けの商品開発が進み、女性がマスターベーションに使う実用品になってしまっています。

女性がセックスに対する好奇心をあからさまにするようになり、隊員がバイブをせがまれて使ったという話もあります。

隊員の中には疲労や中折れ対策としてマイバイブを愛用しているケースもありますが、使い方さえ気をつければオモチャで楽しむのも刺激的で悪くはないでしょう。男性の欲望を満たすだけや、女性に対する手抜きの気持ちがなければ決して後ろめたいことではないのです。

ミニマッサージ器が電器店で人気のようですが、その商品が女性を感じさせるのにとても適しているとある隊員から聞きました。コンパクトで普通の家電ですから、誰に見られても平気と言ってカバンに忍ばせて持ち歩いています。

新鮮な刺激はセックスにとって不可欠なのです。

娘のセーラー服を持参した奥さん

女子高生のセーラー服に興奮する男性に対して世間の目は冷やかですが、セックスでコスプレを楽しむのを変態視する必要はないのです。

相談者の中にもセックスに刺激を求める女性がいます。はじめはセックスの悦びを知りたいということで相談に来られたのですが、願いが叶って隊員とも親密になるにつれ、ある日隊員に「セーラー服って好き?」と探りを入れてきたのです。隊員が嫌いじゃないけどと答えると、彼女は次のデートでバッグにセーラー服を持参してきたのです。聞けば、娘が着ていたセーラー服をクリーニングに出してから持ってきたということです。

セックスの楽しみに華を添えるのは素敵なことではないでしょうか。とても可愛らしい感じがしませんか?

セックスはメンタルな大人の遊びといえるでしょう。しかも、大変に深いコミュニケーションができる遊びです。大いに楽しんでください。人格そのものが異常なのは困りますが、二人が納得して楽しむセックスを変態扱いされる謂《いわ》れはないのです。

■絶頂を求めないセックスにこそ、愛がある！

インサート中のおしゃべり

セックスの最中に話をするとムードがシラけるという人がいますが、それはむしろ逆なのです。セックスに会話がないから、お互いが自分の殻に閉じこもってしまうのです。

さほど意味のないおしゃべりでも相手の声に耳を傾け、頷いたり、微笑んだりすることでセックスにもいい影響をもたらすのです。また、楽しいおしゃべりはお互いをリラックスさせて、行為を再開すれば自然と快感に没頭しやすくなるのです。

お互いを無視し、ひとり黙々とセックスに励んで10分で終わってしまうセックスのどこにムードがあるでしょうか。

二人が行為に疲れたとき、ペニスとヴァギナでつながったまま体を休めて楽しくおしゃべりしてください。行為の最中に呟くような声で話をしてかまわないのです。それが二人のセックスのリズムを自然に一致させてくれるのです。

ハイレベルのセックスを目指すなかれ！

現代はアダルトビデオでセックスを学ぶことが多いのではないでしょうか？　AV男優が女性を悶絶させているシーンをイメージし、自分もあんなふうに女性をイカせまくりたいと思う男性は少なくないはずです。

彼らのテクニックは確かに並外れたものがありますから、憧れるのも無理はありません。しかし、それは見せることを目的にしたテクニックであり、彼らはその超スペシャリストなのです。

日常にそういうセックスを持ち込むのはよくありません。見せるためのセックスと二人で楽しむためのセックスは決定的に違うものです。

日常のセックスにハイレベルのテクニックは必要ありません。知らず知らずのうちに男性にも女性にもプレッシャーになってしまうのです。

たとえば、挿入するにしてもパートナーを思いやる気持ちがあれば、ペニスの先っぽを入れておくだけでも満たされる時間を過ごすことはできるのです。

たとえ女性が絶頂に達しなくとも、お互いの愛情を確認できればそれで良いじゃないですか。テクニックの巧拙より、優先させるべきは愛情なのです。

私は、「100人の相談者を経験しなければ一人前にはなれない」と、よく隊員に言うのですが、それはテクニックの上達を指すのではなく、女性を理解する能力を培うことなのです。スーパーテクニックを身につけることより、愛情と思いやりがなにより大切なのです。

射精の回数にこだわる男、深い結びつきを求めるオンナ

女性のセックスは貪欲と言われますが、相談者がセックスに目覚めていく姿を見ていると改めてそういう感慨を深くします。とはいえ、相談者が隊員とデートできるのは月に1、2度です。普段セックスがなくて、ずっとその日だけを楽しみにしている女性もいれば、隊員のほかにボーイフレンドと付き合っている女性もいます。また、『せい奉仕隊』を卒業して新しいパートナーを見つける女性もいます。

また1回のセックスでも、時間が許すかぎりギリギリまで楽しむ女性、快感に体がついていけなくなってもうだめという女性、何度オーガズムに達しても底なしに受け入れられる女性と、これもまた女性それぞれで異なります。

男性にも女性にも性欲や精力の違いがあって、それらはなかなか変えられないものです。セックスを一致させる難しさはそこにあるのです。

夫が交通事故や病気の手術でEDになり、セックスを諦めきれずに隊員とお付き合いを続けている人もいます。また、夫婦仲は良いのに妻が夫にセックスの話をすると夫が不機嫌になるので隊員との月イチの関係を楽しみにしている女性もいます。夫がマスターベーションをしているのを知り、以来、夫とは肌を合わせられなくなったという女性もいます。

セックスはまさに人生そのものという感があります。

セックスレスとセックスオフ

ひと言で「セックスがない」と言っても、それにはセックスレスとセックスオフのふた通りがあります。

セックスレスはすっかりセックスがなくなってしまった夫婦です。しかし、夫婦がそれまでたくさん愛し合ってきた場合はセックスがなくなったとしてもそれほど問題はありません。悲惨なのは愛情を育むことなくセックスレスになるケースなのです。残酷なようですが、このケースでは修復の手立てがなかなか見つからないのです。

一方、セックスオフの場合は、一時的にマンネリや倦怠期に陥っているだけのことが多く、修復は充分可能です。ただ、セックスオフの時期はパートナーに無理にセックスを期待すると却ってストレスを感じさせてしまい悪化することがあります。プロ野球の選手がスランプに陥っているときにホームランを期待されるのと同じで、プレッシャーを感じて自分の殻に閉じこもってしまうのです。

セックスオフを解消するには、散歩のときに手をつなぐとか、セックスまでを期待しないで肌を合わせて眠ったり、ラブマッサージをしてあげたりと、徐々にスキンシップを増やしていくことからはじめるのをお勧めします。

日頃の些細な愛情表現が大切なのです。

おわりに

『せい』を訪れる女性たちが〝女性としての自信〟を取り戻すまでには、三つの川を渡らなければなりません。

まずは私のところに来ること。

ふたつめは『せい奉仕隊』の隊員と会うこと。

三つめはセックスを受け入れること。

男性から見れば、「セックスでイクこと、あるいはイカせることなど簡単なことだ」と思われるかもしれません。

しかし、10年、20年と、誰にも打ち明けられずに悩んできた女性たちの胸の内に思いを馳せてほしいのです。

彼女たちの戸惑いや不安、羞恥を理解できない男性が、果たして女性をイカせられるでしょうか?

私は隊員たちが相談者に接するときの〝心〟を、読者に学んでほしいのです。隊員は彼女たちを〝恋人〟と思って接しています。彼らにも仕事や家庭があり、悩みもあるはずです。それでも彼女たちと会うときだけは自分にとって〝かけがえのない特別な女性〟としてベッドを共にするのです。

彼女たちもまた、夫や子供を置いて家を出てくるとき、様々な思いが脳裏をかすめるでしょう。それでも隊員と会うときだけは、妻や母親としての立場を忘れ、ひとりの女性になるのです。なぜなら、男と女はお互いに心を開かなければ決していいセックスはできないからです。

私は、浮気や不倫を勧めるわけでは決してありません。愛すべきパートナーと心を開いてお互いを感じ合う、そんな〝ひと時〟を作り出してほしいと願うばかりです。それがセックスである必要もないと思っています。

セックスのうまいヘタ、性欲・精力の強弱は、男性にも女性にもあるものです。それが性の不一致で悩む要因のひとつであることは確かです。

しかし、一旦、頭を切り替えて人生に思いをめぐらせてください。仕事や人間関係で、不器用だから、バイタリティーに欠けるから、と悩んだ人もいるでしょう。

しかし、そんな足りない部分を補いながら、これまで生きてきたのではありませんか？　パートナーとの関係も同じことではないでしょうか？

欠けている部分は別のことで補えばいい。奢った部分は直せばいい。セックスには月収も学歴も関係ないのです。そこに気づくことが大切です。何より良くないのは自分の殻に閉じこもり、心を開けなくしてしまうことなのです。

『せい』を訪れる女性たちの気持ちが分かるようになれば、どんなテクニシャンよりも、あなたが大事にしている女性を輝かせることができるに違いありません。

イラスト◉なかざわ信雄

キム・ミョンガン

性人類学者。１９５０年、神戸生まれ。京都精華大学の講師を経て99年、性に関する教育・指導を行なう相談所「せい」を設立。夫婦や恋人のみならず、あらゆる性に悩む人たちにパートナーとの在り方や、セックスに関するアドバイスを行なっている。

さらにその過程で、セックスレスや不感症などに悩む女性たちの悩みをいかにして解決すべきかを探り、セックスのボランティアをする『せい奉仕隊』という画期的な組織を結成。国内はもとより海外メディアからも注目を浴びている。

また大人の性だけではなく、児童・生徒の性教育にも熱心に取り組んでいる。

ベスト新書
210

イケないオンナの愛し方

二〇〇八年十二月二十日　初版第一刷発行

著者◎キム・ミョンガン

発行者◎栗原幹夫
発行所◎ＫＫベストセラーズ
東京都豊島区南大塚二丁目二九番七号　〒170-8457
電話　03-5976-9121(代表)　振替　00180-6-103083
装幀◎坂川事務所
印刷所◎錦明印刷
製本所◎ナショナル製本
電植製版◎オノ・エーワン

ISBN978-4-584-12210-5 C0276